VORWORT

Die Sammlung "Alles wird gut!" von T&P Books ist für Menschen, die für Tourismus und Geschäftsreisen ins Ausland reisen. Die Sprachführer beinhalten, was am wichtigsten ist - die Grundlagen für eine grundlegende Kommunikation. Dies ist eine unverzichtbare Reihe von Sätzen um zu "überleben", während Sie im Ausland sind.

Dieser Sprachführer wird Ihnen in den meisten Fällen helfen, in denen Sie etwas fragen müssen, Richtungsangaben benötigen, wissen wollen wie viel etwas kostet usw. Es kann auch schwierige Kommunikationssituationen lösen, bei denen Gesten einfach nicht hilfreich sind.

Dieses Buch beinhaltet viele Sätze, die nach den wichtigsten Themen gruppiert wurden. Ein separater Teil des Buches bietet auch ein kleines Wörterbuch mit mehr als 1.500 wichtigen und nützlichen Wörtern. Das Wörterbuch beinhaltet eine praktische Transkription jedes Fremdworts.

Nehmen Sie den "Alles wird gut" Sprachführer mit Ihnen auf die Reise und Sie werden einen unersetzlichen Begleiter haben, der Ihnen helfen wird, Ihren Weg aus jeder Situation zu finden und Ihnen beibringen wird keine Angst beim Sprechen mit Ausländern zu haben.

INHALTSVERZEICHNIS

T&P Books Publishing

Reisesprachführersammlung
"Alles wird gut!"

T&P Books Publishing

SPRACHFÜHRER
- ITALIENISCH -

Die nützlichsten Wörter und Sätze

Dieser Sprachführer beinhaltet die häufigsten Sätze und Fragen, die für die grundlegende Kommunikation mit Ausländern benötigt wird

Andrey Taranov

T&P BOOKS

Sprachführer + Wörterbuch mit 1500 Wörtern

Sprachführer Deutsch-Italienisch und Kompaktwörterbuch mit 1500 Wörtern

Von Andrey Taranov

Die Sammlung "Alles wird gut!" von T&P Books ist für Menschen, die für Tourismus und Geschäftsreisen ins Ausland reisen. Die Sprachführer beinhalten, was am wichtigsten ist - die Grundlagen für eine grundlegende Kommunikation. Dies ist eine unverzichtbare Reihe von Sätzen um zu "überleben", während Sie im Ausland sind.

Ein weiterer Teil des Buches bietet auch ein kleines Wörterbuch mit über 1.500 alphabetisch angeordneten, nützlichen Wörtern. Das Wörterbuch beinhaltet viele gastronomische Begriffe und wird Ihnen hilfreich bei der Bestellung von Essen in einem Restaurant oder beim Kauf von Lebensmitteln im Lebensmittelgeschäft sein.

T&P Books Publishing
www.tpbooks.com

ISBN: 978-1-78492-486-7

Dieses Buch ist auch im E-Book Format erhältlich.
Besuchen Sie uns auch auf www.tpbooks.com oder auf einer der bedeutenden Buchhandlungen online.

AUSSPRACHE

[a]	casco ['kasko]	schwarz
[e]	sfera ['sfera]	Pferde
[i]	filo ['filo]	ihr, finden
[o]	dolce ['doltʃe]	orange
[u]	siluro [si'luro]	kurz
[y]	würstel ['vyrstel]	über, dünn
[b]	busta ['busta]	Brille
[d]	andare [an'dare]	Detektiv
[dz]	zinco ['dzinko]	Nordsee
[dʒ]	Norvegia [nor'vedʒa]	Kambodscha
[ʒ]	garage [ga'raʒ]	Regisseur
[f]	ferrovia [ferro'via]	fünf
[g]	ago ['ago]	gelb
[k]	cocktail ['koktejl]	Kalender
[j]	piazza ['pjattsa]	Jacke
[l]	olive [o'live]	Juli
[ʎ]	figlio ['fiʎʎo]	Schicksal
[m]	mosaico [mo'zaiko]	Mitte
[n]	treno ['treno]	nicht
[ŋ]	granchio ['graŋkio]	Känguru
[ɲ]	magnete [ma'ɲete]	Champagner
[p]	pallone [pal'lone]	Polizei
[r]	futuro [fu'turo]	richtig
[s]	triste ['triste]	sein
[ʃ]	piscina [pi'ʃina]	Chance
[t]	estintore [estin'tore]	still
[ts]	spezie ['spetsie]	Gesetz
[tʃ]	lancia ['lantʃa]	Matsch
[v]	volo ['volo]	November
[w]	whisky ['wiski]	schwanger
[z]	deserto [de'zerto]	sein

LISTE DER ABKÜRZUNGEN

Deutsch. Abkürzungen

Adj	-	Adjektiv
Adv	-	Adverb
Amtsspr.	-	Amtssprache
f	-	Femininum
f, n	-	Femininum, Neutrum
Fem.	-	Femininum
m	-	Maskulinum
m, f	-	Maskulinum, Femininum
m, n	-	Maskulinum, Neutrum
Mask.	-	Maskulinum
n	-	Neutrum
pl	-	Plural
Sg.	-	Singular
ugs.	-	umgangssprachlich
unzähl.	-	unzählbar
usw.	-	und so weiter
v mod	-	Modalverb
vi	-	intransitives Verb
vi, vt	-	intransitives, transitives Verb
vt	-	transitives Verb
zähl.	-	zählbar
z.B.	-	zum Beispiel

Italienisch. Abkürzungen

agg	-	Adjektiv
f	-	Femininum
f pl	-	Femininum plural
m	-	Maskulinum
m pl	-	Maskulinum plural
m, f	-	Maskulinum, Femininum
pl	-	Plural

v aus	-	Hilfsverb
vi	-	intransitives Verb
vi, vt	-	intransitives, transitives Verb
vr	-	reflexives Verb
vt	-	transitives Verb

T&P BOOKS

ITALIENISCHER SPRACHFÜHRER

Dieser Teil beinhaltet wichtige Sätze, die sich in verschiedenen realen Situationen als nützlich erweisen können.
Der Sprachführer wird Ihnen dabei helfen nach dem Weg zu fragen, einen Preis zu klären, Tickets zu kaufen und Essen in einem Restaurant zu bestellen.

T&P Books Publishing

INHALT SPRACHFÜHRER

T&P Books Publishing

Entschuldigen Sie bitte, …	**Mi scusi, …** [mi 'skuzi, …]
Hallo.	**Buongiorno.** [buon'dʒorno]
Danke.	**Grazie.** [gratsie]
Auf Wiedersehen.	**Arrivederci.** [arrive'dertʃi]
Ja.	**Sì.** [si]
Nein.	**No.** [no]
Ich weiß nicht.	**Non lo so.** [non lo so]
Wo? | Wohin? | Wann?	**Dove? | Dove? | Quando?** [dove? | 'dove? | 'kwando?]

Ich brauche …	**Ho bisogno di …** [o bi'zoɲo di …]
Ich möchte …	**Voglio …** [voʎʎo …]
Haben Sie …?	**Avete …?** [a'vete …?]
Gibt es hier …?	**C'è un /una/ … qui?** [tʃe un /'una/ … kwi?]
Kann ich …?	**Posso …?** [posso …?]
Bitte (anfragen)	**per favore** [per fa'vore]

Ich suche …	**Sto cercando …** [sto tʃer'kando …]
die Toilette	**bagno** [baɲo]
den Geldautomat	**bancomat** [bankomat]
die Apotheke	**farmacia** [farma'tʃija]
das Krankenhaus	**ospedale** [ospe'dale]
die Polizeistation	**stazione di polizia** [sta'tsjone di poli'tsia]
die U-Bahn	**metropolitana** [metropoli'tana]

das Taxi	**taxi** ['taksi]
den Bahnhof	**stazione** [sta'tsjone]

Ich heiße …	**Mi chiamo …** [mi 'kjamo …]
Wie heißen Sie?	**Come si chiama?** [kome si 'kjama?]
Helfen Sie mir bitte.	**Mi può aiutare, per favore?** [mi pu'o aju'tare, per fa'vore?]
Ich habe ein Problem.	**Ho un problema.** [o un pro'blema]
Mir ist schlecht.	**Mi sento male.** [mi 'sento 'male]
Rufen Sie einen Krankenwagen!	**Chiamate l'ambulanza!** [kja'mate lambu'lantsa!]
Darf ich telefonieren?	**Posso fare una telefonata?** [posso 'fare 'una telefo'nata?]

Entschuldigung.	**Mi dispiace.** [mi dis'pjatʃe]
Keine Ursache.	**Prego.** [prego]

ich	**io** [io]
du	**tu** [tu]
er	**lui** [lui]
sie	**lei** ['lei]
sie (Pl, Mask.)	**loro** [loro]
sie (Pl, Fem.)	**loro** [loro]
wir	**noi** [noi]
ihr	**voi** [voi]
Sie	**Lei** ['lei]

EINGANG	**ENTRATA** [en'trata]
AUSGANG	**USCITA** [u'ʃita]
AUßER BETRIEB	**FUORI SERVIZIO** [fu'ori ser'vitsio]
GESCHLOSSEN	**CHIUSO** [kjuzo]

OFFEN	**APERTO**
	[a'perto]
FÜR DAMEN	**DONNE**
	[donne]
FÜR HERREN	**UOMINI**
	[u'omini]

Fragen

Wo?	**Dove?** [dove?]
Wohin?	**Dove?** [dove?]
Woher?	**Da dove?** [da 'dove?]
Warum?	**Perché?** [per'ke?]
Wozu?	**Perché?** [per'ke?]
Wann?	**Quando?** [kwando?]

Wie lange?	**Per quanto tempo?** [per 'kwanto 'tempo?]
Um wie viel Uhr?	**A che ora?** [a ke 'ora?]
Wie viel?	**Quanto?** [kwanto?]
Haben Sie …?	**Avete …?** [a'vete …?]
Wo befindet sich …?	**Dov'è …?** [dov'e …?]

Wie spät ist es?	**Che ore sono?** [ke 'ore 'sono?]
Darf ich telefonieren?	**Posso fare una telefonata?** [posso 'fare 'una telefo'nata?]
Wer ist da?	**Chi è?** [ki 'e?]
Darf ich hier rauchen?	**Si può fumare qui?** [si pu'o fu'mare kwi?]
Darf ich …?	**Posso …?** [posso …?]

Bedürfnisse

Ich hätte gerne ...	**Vorrei ...** [vor'rej ...]
Ich will nicht ...	**Non voglio ...** [non 'voλλo ...]
Ich habe Durst.	**Ho sete.** [o 'sete]
Ich möchte schlafen.	**Ho sonno.** [o 'sonno]
Ich möchte ...	**Voglio ...** [voλλo ...]
abwaschen	**lavarmi** [la'varmi]
mir die Zähne putzen	**lavare i denti** [la'vare i 'denti]
eine Weile ausruhen	**riposae un po'** [ripo'zae un 'po]
meine Kleidung wechseln	**cambiare i vestiti** [kam'bjare i ve'stiti]
zurück ins Hotel gehen	**tornare in albergo** [tor'nare in al'bergo]
kaufen ...	**comprare ...** [kom'prare ...]
gehen ...	**andare a ...** [an'dare a ...]
besuchen ...	**visitare ...** [vizi'tare ...]
treffen ...	**incontrare ...** [inkon'trare ...]
einen Anruf tätigen	**fare una telefonata** [fare 'una telefo'nata]
Ich bin müde.	**Sono stanco /stanca/.** [sono 'stanko /'stanka/]
Wir sind müde.	**Siamo stanchi.** [sjamo 'staŋki]
Mir ist kalt.	**Ho freddo.** [o 'freddo]
Mir ist heiß.	**Ho caldo.** [o 'kaldo]
Mir passt es.	**Sto bene.** [sto 'bene]

Ich muss telefonieren.

Devo fare una telefonata.
[devo 'fare 'una telefo'nata]

Ich muss auf die Toilette.

Devo andare in bagno.
[devo an'dare in 'baɲo]

Ich muss gehen.

Devo andare.
[devo an'dare]

Ich muss jetzt gehen.

Devo andare adesso.
[devo an'dare a'desso]

Wie man nach dem Weg fragt

Entschuldigen Sie bitte, …	**Mi scusi, …** [mi 'skuzi, …]
Wo befindet sich …?	**Dove si trova …?** [dove si 'trova …?]
Welcher Weg ist …?	**Da che parte è …?** [da ke 'parte e …?]
Könnten Sie mir bitte helfen?	**Mi può aiutare, per favore?** [mi pu'o aju'tare, per fa'vore?]
Ich suche …	**Sto cercando …** [sto tʃer'kando …]
Ich suche den Ausgang.	**Sto cercando l'uscita.** [sto tʃer'kando lu'ʃita]
Ich fahre nach …	**Sto andando a …** [sto an'dando a …]
Gehe ich richtig nach …?	**Sto andando nella direzione giusta per …?** [sto an'dando 'nella dire'tsjone 'dʒusta per …?]
Ist es weit?	**E' lontano?** [e lon'tano?]
Kann ich dort zu Fuß hingehen?	**Posso andarci a piedi?** [posso an'darsi a 'pjedi?]
Können Sie es mir auf der Karte zeigen?	**Può mostrarmi sulla piantina?** [pu'o mo'strarmi 'sulla pjan'tina?]
Zeigen Sie mir wo wir gerade sind.	**Può mostrarmi dove ci troviamo?** [puo mo'strarmi 'dove tʃi tro'vjamo]
Hier	**Qui** [kwi]
Dort	**Là** [la]
Hierher	**Da questa parte** [da 'kwesto 'parte]
Biegen Sie rechts ab.	**Giri a destra.** [dʒiri a 'destra]
Biegen Sie links ab.	**Giri a sinistra.** ['dʒiri a si'nistra]

erste (zweite, dritte) Abzweigung

La prima (la seconda, la terza) strada
[la 'prima (la se'konda, la 'tertsa) 'strada]

nach rechts

a destra
[a 'destra]

nach links

a sinistra
[a si'nistra]

Laufen Sie geradeaus.

Vada sempre dritto.
[vada 'sempre 'dritto]

Schilder

HERZLICH WILLKOMMEN!	**BENVENUTO!** [benve'nuto!]
EINGANG	**ENTRATA** [en'trata]
AUSGANG	**USCITA** [u'ʃita]
DRÜCKEN	**SPINGERE** [spindʒere]
ZIEHEN	**TIRARE** [ti'rare]
OFFEN	**APERTO** [a'perto]
GESCHLOSSEN	**CHIUSO** [kjuzo]
FÜR DAMEN	**DONNE** [donne]
FÜR HERREN	**UOMINI** [u'omini]
HERREN-WC	**BAGNO UOMINI** [baɲo u'omini]
DAMEN-WC	**BAGNO DONNE** [baɲo 'donne]
RABATT | REDUZIERT	**SCONTI** [skonti]
AUSVERKAUF	**IN SALDO** [saldi]
GRATIS	**GRATIS** ['gratis]
NEU!	**NOVITÀ!** [novi'ta!]
ACHTUNG!	**ATTENZIONE!** [atten'tsjone!]
KEINE ZIMMER FREI	**COMPLETO** [kom'pleto]
RESERVIERT	**RISERVATO** [rizer'vato]
VERWALTUNG	**AMMINISTRAZIONE** [amministra'tsjone]
NUR FÜR PERSONAL	**RISERVATO AL PERSONALE** [rizer'vato al perso'nale]

BISSIGER HUND	**ATTENTI AL CANE!** [at'tenti al 'kane]
RAUCHEN VERBOTEN!	**VIETATO FUMARE** [vje'tato fu'mare]
NICHT ANFASSEN!	**NON TOCCARE** [non tok'kare]
GEFÄHRLICH	**PERICOLOSO** [periko'lozo]
GEFAHR	**PERICOLO** [pe'rikolo]
HOCHSPANNUNG	**ALTA TENSIONE** [alta ten'sjone]
BADEN VERBOTEN	**DIVIETO DI BALNEAZIONE** [di'vjeto di balnea'tsjone]

AUßER BETRIEB	**FUORI SERVIZIO** [fu'ori ser'vitsio]
LEICHTENTZÜNDLICH	**INFIAMMABILE** [infjam'mabile]
VERBOTEN	**VIETATO** [vje'tato]
DURCHGANG VERBOTEN	**VIETATO L'ACCESSO** [vje'tato la'tʃesso]
FRISCH GESTRICHEN	**PITTURA FRESCA** [pitt'ura 'freska]

WEGEN RENOVIERUNG GESCHLOSSEN	**CHIUSO PER RESTAURO** [kjuzo per res'tauro]
ACHTUNG BAUARBEITEN	**LAVORI IN CORSO** [la'vori in 'korso]
UMLEITUNG	**DEVIAZIONE** [devia'tsjone]

Transport - Allgemeine Phrasen

Flugzeug	**aereo** [a'ereo]
Zug	**treno** [treno]
Bus	**autobus** [autobus]
Fähre	**traghetto** [tra'getto]
Taxi	**taxi** ['taksi]
Auto	**macchina** ['makkina]
Zeitplan	**orario** [o'rario]
Wo kann ich den Zeitplan sehen?	**Dove posso vedere l'orario?** [dove 'posso ve'dere lo'rario?]
Arbeitstage	**giorni feriali** [dʒorni fe'rjali]
Wochenenden	**sabato e domenica** [sabato e do'menika]
Ferien	**giorni festivi** [dʒorni fe'stivi]
ABFLUG	**PARTENZA** [par'tentsa]
ANKUNFT	**ARRIVO** [ar'rivo]
VERSPÄTET	**IN RITARDO** [in ri'tardo]
GESTRICHEN	**CANCELLATO** [kantʃelllato]
nächste (Zug, usw.)	**il prossimo** [il 'prossimo]
erste	**il primo** [il 'primo]
letzte	**l'ultimo** [lultimo]
Wann kommt der Nächste ...?	**Quando è il prossimo ...?** [kwando e il 'prossimo ...?]
Wann kommt der Erste ...?	**Quando è il primo ...?** [kwando e il 'primo ...?]

Wann kommt der Letzte …?	**Quando è l'ultimo …?** [kwando e 'lultimo …?]
Transfer	**scalo** [skalo]
einen Transfer machen	**effettuare uno scalo** [efettu'are 'uno 'skalo]
Muss ich einen Transfer machen?	**Devo cambiare?** [devo kam'bjare?]

Eine Fahrkarte kaufen

Wo kann ich Fahrkarten kaufen?	**Dove posso comprare i biglietti?** [dove 'posso kom'prare i biʎ'ʎeti?]
Fahrkarte	**biglietto** [biʎ'ʎetto]
Eine Fahrkarte kaufen	**comprare un biglietto** [kom'prare un biʎ'ʎetto]
Fahrkartenpreis	**il prezzo del biglietto** [il 'prettso del biʎ'ʎetto]

Wohin?	**Dove?** [dove?]
Welche Station?	**In quale stazione?** [in 'kwale sta'tsjone?]
Ich brauche …	**Avrei bisogno di …** [av'rej bi'zoɲo di …]
eine Fahrkarte	**un biglietto** [un biʎ'ʎetto]
zwei Fahrkarten	**due biglietti** [due biʎ'ʎeti]
drei Fahrkarten	**tre biglietti** [tre biʎ'ʎeti]

in eine Richtung	**solo andata** [solo an'data]
hin und zurück	**andata e ritorno** [an'data e ri'torno]
erste Klasse	**prima classe** [prima 'klasse]
zweite Klasse	**seconda classe** [se'konda 'klasse]

heute	**oggi** [odʒi]
morgen	**domani** [do'mani]
übermorgen	**dopodomani** [dopodo'mani]
am Vormittag	**la mattina** [la mat'tina]
am Nachmittag	**nel pomeriggio** [nel pome'ridʒo]
am Abend	**la sera** [la 'sera]

Gangplatz

posto lato corridoio
[posto 'lato korri'dojo]

Fensterplatz

posto lato finestrino
[posto 'lato fine'strino]

Wie viel?

Quanto?
[kwanto?]

Kann ich mit Karte zahlen?

Posso pagare con la carta di credito?
[posso pa'gare kon la 'karta di 'kredito?]

Bus

Bus	**autobus** [autobus]
Fernbus	**autobus interurbano** [autobus interur'bano]
Bushaltestelle	**fermata dell'autobus** [fer'mata dell 'autobus]
Wo ist die nächste Bushaltestelle?	**Dov'è la fermata dell'autobus più vicina?** [dov'e la fer'mata dell 'autobus pju vi'tʃina?]

Nummer	**numero** [numero]
Welchen Bus nehme ich um nach … zu kommen?	**Quale autobus devo prendere per andare a …?** [kwale 'autobus 'devo 'prendere per an'dare a …?]
Fährt dieser Bus nach …?	**Questo autobus va a …?** [kwesto 'autobus va a …?]
Wie oft fahren die Busse?	**Qual'è la frequenza delle corse degli autobus?** [kwal e la fre'kwentsa 'delle 'korse 'deʎʎi 'autobus?]

alle fünfzehn Minuten	**ogni quindici minuti** [oɲi 'kwinditʃi mi'nuti]
jede halbe Stunde	**ogni mezzora** [oɲi med'dzora]
jede Stunde	**ogni ora** [oɲi 'ora]
mehrmals täglich	**più a volte al giorno** [pju a 'volte al 'dʒorno]
… Mal am Tag	**… volte al giorno** [… 'volte al 'dʒorno]

Zeitplan	**orario** [o'rario]
Wo kann ich den Zeitplan sehen?	**Dove posso vedere l'orario?** [dove 'posso ve'dere lo'rario?]
Wann kommt der nächste Bus?	**Quando passa il prossimo autobus?** [kwando 'passa il 'prossimo 'autobus?]

Wann kommt der erste Bus?	**A che ora è il primo autobus?** [a ke 'ora e il 'primo 'autobus?]
Wann kommt der letzte Bus?	**A che ora è l'ultimo autobus?** [a ke 'ora e 'lultimo 'autobus?]
Halt	**fermata** [fer'mata]
Nächster Halt	**prossima fermata** [prossima fer'mata]
Letzter Halt	**ultima fermata** [ultima fer'mata]
Halten Sie hier bitte an.	**Può fermarsi qui, per favore.** [pu'o fer'marsi kwi, per fa'vore]
Entschuldigen Sie mich, dies ist meine Haltestelle.	**Mi scusi, questa è la mia fermata.** [mi 'skuzi, 'kwesta e la 'mia fer'mata]

Zug

Zug	**treno** [treno]
S-Bahn	**treno locale** [treno lo'kale]
Fernzug	**treno a lunga percorrenza** [treno a 'lunga perkor'rentsa]
Bahnhof	**stazione** [sta'tsjone]
Entschuldigen Sie bitte, wo ist der Ausgang zum Bahngleis?	**Mi scusi, dov'è l'uscita per il binario?** [mi 'skuzi, dov'e lu'ʃita per il binario?]
Fährt dieser Zug nach ...?	**Questo treno va a ...?** [kwesto 'treno va a ...?]
nächste Zug	**il prossimo treno** [il 'prossimo 'treno]
Wann kommt der nächste Zug?	**Quando è il prossimo treno?** [kwando e il 'prossimo 'treno?]
Wo kann ich den Zeitplan sehen?	**Dove posso vedere l'orario?** [dove 'posso ve'dere lo'rario?]
Von welchem Bahngleis?	**Da quale binario?** [da 'kwale bi'nario?]
Wann kommt der Zug in ... an?	**Quando il treno arriva a ... ?** [kwando il 'treno ar'riva a ...?]
Helfen Sie mir bitte.	**Mi può aiutare, per favore.** [mi pu'o aju'tare, per fa'vore]
Ich suche meinen Platz.	**Sto cercando il mio posto.** [sto tʃer'kando il 'mio 'posto]
Wir suchen unsere Plätze.	**Stiamo cercando i nostri posti.** [stjamo tʃer'kando i 'nostri 'posti]
Unser Platz ist besetzt.	**Il mio posto è occupato.** [il 'mio 'posto e okku'pato]
Unsere Plätze sind besetzt.	**I nostri posti sono occupati.** [i 'nostri 'posti 'sono okku'pati]
Entschuldigen Sie, aber das ist mein Platz.	**Mi scusi, ma questo è il mio posto.** [mi 'skwzi, ma 'kwesto e il 'mio 'posto]
Ist der Platz frei?	**E' occupato?** [e okku'pato?]
Darf ich mich hier setzen?	**Posso sedermi qui?** [posso se'dermi kwi?]

Im Zug - Dialog (Keine Fahrkarte)

Fahrkarte bitte.

Biglietto per favore.
[biʎ'ʎetto per fa'vore]

Ich habe keine Fahrkarte.

Non ho il biglietto.
[non 'o il biʎ'ʎetto]

Ich habe meine Fahrkarte verloren.

Ho perso il biglietto.
[o 'perso il biʎ'ʎetto]

Ich habe meine Fahrkarte
zuhause vergessen.

Ho dimenticato il biglietto a casa.
[o dimenti'kato il biʎ'ʎetto a 'kaza]

Sie können von mir
eine Fahrkarte kaufen.

Può acquistare il biglietto da me.
[pu'o akwi'stare il biʎ'ʎetto da 'me]

Sie werden auch eine Strafe zahlen.

Deve anche pagare una multa.
[deve 'aŋke pa'gare 'una 'multa]

Gut.

Va bene.
[va 'bene]

Wohin fahren Sie?

Dove va?
[dove va?]

Ich fahre nach …

Vado a …
[vado a …]

Wie viel? Ich verstehe nicht.

Quanto? Non capisco.
[kwanto? non ka'pisko]

Schreiben Sie es bitte auf.

Lo può scrivere, per favore?
[lo pu'o 'skrivere, per fa'vore]

Gut. Kann ich mit Karte zahlen?

**D'accordo. Posso pagare
con la carta di credito?**
[dak'kordo. 'posso pa'gare
kon la 'karta di 'kredito?]

Ja, das können Sie.

Sì.
[si]

Hier ist ihre Quittung.

Ecco la sua ricevuta.
[ekko la 'sua ritʃe'vuta]

Tut mir leid wegen der Strafe.

Mi dispiace per la multa.
[mi dis'pjatʃe per la 'multa]

Das ist in Ordnung. Es ist meine Schuld.

Va bene così. È stata colpa mia.
[va 'bene ko'si. e 'stata 'kolpa 'mia]

Genießen Sie Ihre Fahrt.

Buon viaggio.
[bu'on 'vjadʒo]

Taxi

Taxi	**taxi** ['taksi]
Taxifahrer	**tassista** [tas'sista]
Ein Taxi nehmen	**prendere un taxi** [prendere un 'taksi]
Taxistand	**posteggio taxi** [pos'tedʒo 'taksi]
Wo kann ich ein Taxi bekommen?	**Dove posso prendere un taxi?** [dove 'posso 'prendere un 'taksi?]
Ein Taxi rufen	**chiamare un taxi** [kja'mare un 'taksi]
Ich brauche ein Taxi.	**Ho bisogno di un taxi.** [o bi'zoɲo di un 'taksi]
Jetzt sofort.	**Adesso.** [a'desso]
Wie ist Ihre Adresse? (Standort)	**Qual'è il suo indirizzo?** [kwal e il 'suo indi'rittso?]
Meine Adresse ist …	**Il mio indirizzo è …** [il 'mio indi'rittso e …]
Ihr Ziel?	**La sua destinazione?** [la 'sua destina'tsjone?]
Entschuldigen Sie bitte, …	**Mi scusi, …** [mi 'skuzi, …]
Sind Sie frei?	**E' libero?** [e 'libero?]
Was kostet die Fahrt nach …?	**Quanto costa andare a …?** [kwanto 'kosta an'dare a …?]
Wissen Sie wo es ist?	**Sapete dove si trova?** [sa'pete 'dove si 'trova?]
Flughafen, bitte.	**All'aeroporto, per favore.** [all aero'porto, per fa'vore]
Halten Sie hier bitte an.	**Si fermi qui, per favore.** [si 'fermi kwi, per fa'vore]
Das ist nicht hier.	**Non è qui.** [non e kwi]
Das ist die falsche Adresse.	**È l'indirizzo sbagliato.** [e lindi'rittso zbaʎ'ʎato]
nach links	**Giri a sinistra.** [dʒiri a si'nistra]
nach rechts	**Giri a destra.** [dʒiri a 'destra]

Was schulde ich Ihnen?

Quanto le devo?
[kwanto le 'devo?]

Ich würde gerne
ein Quittung haben, bitte.

Potrei avere una ricevuta, per favore.
[po'trej a'vere 'una ritʃe'vuta, per fa'vore]

Stimmt so.

Tenga il resto.
[tenga il 'resto]

Warten Sie auf mich bitte

Può aspettarmi, per favore?
[pu'o aspe'tarmi, per fa'vore?]

fünf Minuten

cinque minuti
[tʃinkwe mi'nuti]

zehn Minuten

dieci minuti
['djetʃi mi'nuti]

fünfzehn Minuten

quindici minuti
[kwinditʃi mi'nuti]

zwanzig Minuten

venti minuti
[venti mi'nuti]

eine halbe Stunde

mezzora
[med'dzora]

Hotel

Guten Tag.

Salve.
[salve]

Mein Name ist ...

Mi chiamo ...
[mi 'kjamo ...]

Ich habe eine Reservierung.

Ho prenotato una camera.
[o preno'tato 'una 'kamera]

Ich brauche ...

Ho bisogno di ...
[o bi'zoɲo di ...]

ein Einzelzimmer

una camera singola
[una 'kamera 'singola]

ein Doppelzimmer

una camera doppia
[una 'kamera 'doppia]

Wie viel kostet das?

Quanto costa questo?
[kwanto 'kosta 'kwesto?]

Das ist ein bisschen teuer.

È un po' caro.
[e un 'po 'karo]

Haben Sie sonst noch etwas?

Avete qualcos'altro?
[a'vete kwal'koz 'altro?]

Ich nehme es.

La prendo.
[la 'prendo]

Ich zahle bar.

Pago in contanti.
[pago in kon'tanti]

Ich habe ein Problem.

Ho un problema.
[o un pro'blema]

Mein ... ist kaputt.

Il mio ... è rotto /La mia ... è rotta/
[il 'mio ... e 'rotto /la 'mia ... e 'rotta/]

Mein ... ist außer Betrieb.

Il mio /La mia/ ... è fuori servizio.
[il 'mio /la 'mia/ ... e fu'ori ser'vitsio]

Fernseher

televisore
[televi'zore]

Klimaanlage

condizionatore
[konditsiona'tore]

Wasserhahn

rubinetto
[rubi'netto]

Dusche

doccia
[dotʃa]

Waschbecken

lavandino
[lavan'dino]

Safe

cassa forte
[kassa 'forte]

Türschloss	**serratura** [serra'tura]
Steckdose	**presa elettrica** [preza e'lettrika]
Föhn	**asciugacapelli** [aʃuga·ka'pelli]
Ich habe kein ...	**Non ho ...** [non o ...]
Wasser	**l'acqua** [lakwa]
Licht	**la luce** [la 'lutʃe]
Strom	**l'elettricità** [leletritʃi'ta]
Können Sie mir ... geben?	**Può darmi ...?** [pu'o 'darmi ...?]
ein Handtuch	**un asciugamano** [un aʃuga'mano]
eine Decke	**una coperta** [una ko'perta]
Hausschuhe	**delle pantofole** [delle pan'tofole]
einen Bademantel	**un accappatoio** [un akkappa'tojo]
etwas Shampoo	**dello shampoo** [dello 'ʃampo]
etwas Seife	**del sapone** [del sa'pone]
Ich möchte ein anderes Zimmer haben.	**Vorrei cambiare la camera.** [vor'rej kam'bjare la 'kamera]
Ich kann meinen Schlüssel nicht finden.	**Non trovo la chiave.** [non 'trovo la 'kjave]
Machen Sie bitte meine Tür auf	**Potrebbe aprire la mia camera, per favore?** [po'trebbe a'prire la mia 'kamera, per fa'vore?]
Wer ist da?	**Chi è?** [ki 'e?]
Kommen Sie rein!	**Avanti!** [a'vanti!]
Einen Moment bitte!	**Un attimo!** [un 'attimo!]
Nicht jetzt bitte.	**Non adesso, per favore.** [non a'desso, per fa'vore]
Kommen Sie bitte in mein Zimmer.	**Può venire nella mia camera, per favore.** [pu'o ve'nire 'nella 'mia 'kamera, per fa'vore]

Ich würde gerne Essen bestellen.	**Vorrei ordinare qualcosa da mangiare.** [vor'rej ordi'nare kwal'koza da man'dʒare]
Meine Zimmernummer ist …	**Il mio numero di camera è …** [il 'mio 'numero di 'kamera e …]

Ich reise … ab.	**Parto …** [parto …]
Wir reisen … ab.	**Partiamo …** [par'tjamo …]
jetzt	**adesso** [a'desso]
diesen Nachmittag	**questo pomeriggio** [kwesto pome'ridʒo]
heute Abend	**stasera** [sta'sera]
morgen	**domani** [do'mani]
morgen früh	**domani mattina** [do'mani mat'tina]
morgen Abend	**domani sera** [do'mani 'sera]
übermorgen	**dopodomani** [dopodo'mani]

Ich möchte die Zimmerrechnung begleichen.	**Vorrei pagare.** [vor'rej sal'dare il 'konto]
Alles war wunderbar.	**È stato tutto magnifico.** [e 'stato 'tutto ma'ɲifiko]
Wo kann ich ein Taxi bekommen?	**Dove posso prendere un taxi?** [dove 'posso 'prendere un 'taksi?]
Würden Sie bitte ein Taxi für mich holen?	**Potrebbe chiamarmi un taxi, per favore?** [po'trebbe kja'marmi un 'taksi, per fa'vore?]

Restaurant

Könnte ich die Speisekarte sehen bitte?	**Posso vedere il menù, per favore?** [posso ve'dere il me'nu, per fa'vore?]
Tisch für einen.	**Un tavolo per una persona.** [un 'tavolo per 'uno per'sona]
Wir sind zu zweit (dritt, viert).	**Siamo in due (tre, quattro).** [sjamo in 'due (tre, 'kwattro)]

Raucher	**Fumatori** [fuma'tori]
Nichtraucher	**Non fumatori** [non fuma'tori]
Entschuldigen Sie mich! (Einen Kellner ansprechen)	**Mi scusi!** [mi 'skuzi!]
Speisekarte	**il menù** [il me'nu]
Weinkarte	**la lista dei vini** [la 'lista 'dei 'vini]
Die Speisekarte bitte.	**Posso avere il menù, per favore.** [posso a'vere il me'nu, per fa'vore]

Sind Sie bereit zum bestellen?	**È pronto per ordinare?** [e 'pronto per ordi'nare?]
Was würden Sie gerne haben?	**Cosa gradisce?** [koza gra'diʃe?]
Ich möchte …	**Prendo …** [prendo …]

Ich bin Vegetarier.	**Sono vegetariano /vegetariana/.** [sono vedʒeta'rjano /vedʒeta'rjana/]
Fleisch	**carne** [karne]
Fisch	**pesce** [peʃe]
Gemüse	**verdure** [ver'dure]
Haben Sie vegetarisches Essen?	**Avete dei piatti vegetariani?** [a'vete 'dei 'pjatti vedʒeta'rjani?]
Ich esse kein Schweinefleisch.	**Non mangio carne di maiale.** [non 'mandʒo 'karne di ma'jale]
Er /Sie/ isst kein Fleisch.	**Lui /lei/ non mangia la carne.** [lui /'lei/ non 'mandʒa la 'karne]
Ich bin allergisch auf …	**Sono allergico a …** [sono al'lerdʒiko a …]

Könnten Sie mir bitte … Bringen.

Potrebbe portarmi …
[po'trebbe por'tarmi …]

Salz | Pfeffer | Zucker

del sale | del pepe | dello zucchero
[del 'sale | del 'pepe | 'dello 'tsukkero]

Kaffee | Tee | Nachtisch

un caffè | un tè | un dolce
[un ka'fe | un te | un 'doltʃe]

Wasser | Sprudel | stilles

dell'acqua | frizzante | naturale
[dell 'akwa | frid'dzante | natu'rale]

einen Löffel | eine Gabel | ein Messer

un cucchiaio | una forchetta | un coltello
[un kuk'kjajo | una for'ketta | un kol'tello]

einen Teller | eine Serviette

un piatto | un tovagliolo
[un 'pjatto | un tovaʎ'ʎolo]

Guten Appetit!

Buon appetito!
[bu'on appe'tito!]

Noch einen bitte.

Un altro, per favore.
[un 'altro, per fa'vore]

Es war sehr lecker.

È stato squisito.
[e 'stato skwi'zito]

Scheck | Wechselgeld | Trinkgeld

il conto | il resto | la mancia
[il 'konto | il 'resto | la 'mantʃa]

Zahlen bitte.

Il conto, per favore.
[il 'konto, per fa'vore]

Kann ich mit Karte zahlen?

Posso pagare con la carta di credito?
[posso pa'gare kon la 'karta di 'kredito?]

Entschuldigen Sie, hier ist ein Fehler.

Mi scusi, c'è un errore.
[mi 'skuzi, tʃe un er'rore]

Einkaufen

Kann ich Ihnen behilflich sein?

Posso aiutarla?
[posso aju'tarla?]

Haben Sie ...?

Avete ...?
[a'vete ...?]

Ich suche ...

Sto cercando ...
[sto tʃer'kando ...]

Ich brauche ...

Ho bisogno di ...
[o bi'zoɲo di ...]

Ich möchte nur schauen.

Sto guardando.
[sto gwar'dando]

Wir möchten nur schauen.

Stiamo guardando.
[stjamo gwar'dando]

Ich komme später noch einmal zurück.

Ripasserò più tardi.
[ripasse'ro pju 'tardi]

Wir kommen später vorbei.

Ripasseremo più tardi.
[ripasse'remo pju 'tardi]

Rabatt | Ausverkauf

sconti | saldi
[skonti | 'saldi]

Zeigen Sie mir bitte ...

Per favore, mi può far vedere ...?
[per fa'vore, mi pu'o far ve'dere ...?]

Geben Sie mir bitte ...

Per favore, potrebbe darmi ...
[per fa'vore, po'trebbe 'darmi ...]

Kann ich es anprobieren?

Posso provarlo?
[posso pro'varlo?]

Entschuldigen Sie bitte,
wo ist die Anprobe?

Mi scusi, dov'è il camerino?
[mi 'skuzi, dov'e il kame'rino?]

Welche Farbe mögen Sie?

Che colore desidera?
[ke ko'lore de'zidera?]

Größe | Länge

taglia | lunghezza
[taʎʎa | lun'gettsa]

Wie sitzt es?

Come le sta?
[kome le sta?]

Was kostet das?

Quanto costa questo?
[kwanto 'kosta 'kwesto?]

Das ist zu teuer.

È troppo caro.
[e 'troppo 'karo]

Ich nehme es.

Lo prendo.
[lo 'prendo]

Entschuldigen Sie bitte,
wo ist die Kasse?

Mi scusi, dov'è la cassa?
[mi 'skuzi, dov'e la 'kassa?]

Zahlen Sie Bar oder mit Karte?	**Paga in contanti o con carta di credito?** [paga in kon'tanti o kon 'karta di 'kredito?]
in Bar | mit Karte	**In contanti | con carta di credito** [in kon'tanti | kon 'karta di 'kredito]

Brauchen Sie die Quittung?	**Vuole lo scontrino?** [vu'ole lo skon'trino?]
Ja, bitte.	**Si, grazie.** [si, 'gratsie]
Nein, es ist ok.	**No, va bene così.** [no, va 'bene ko'zi]
Danke. Einen schönen Tag noch!	**Grazie. Buona giornata!** [gratsie. bu'ona ʤor'nata!]

In der Stadt

Entschuldigen Sie bitte, ...	**Mi scusi, per favore ...**
	[mi 'skuzi, per fa'vore ...]
Ich suche ...	**Sto cercando ...**
	[sto tʃer'kando ...]
die U-Bahn	**la metropolitana**
	[la metropoli'tana]
mein Hotel	**il mio albergo**
	[il 'mio al'bergo]
das Kino	**il cinema**
	[il 'tʃinema]
den Taxistand	**il posteggio taxi**
	[il po'stedʒo 'taksi]

einen Geldautomat	**un bancomat**
	[un 'bankomat]
eine Wechselstube	**un ufficio dei cambi**
	[un uf'fitʃio 'dei 'kambi]
ein Internetcafé	**un internet café**
	[un inter'net ka'fe]
die ... -Straße	**via ...**
	[via ...]
diesen Ort	**questo posto**
	[kwesto 'posto]

Wissen Sie, wo ... ist?	**Sa dove si trova ...?**
	[sa 'dove si 'trova ...?]
Wie heißt diese Straße?	**Come si chiama questa via?**
	[kome si 'kjama 'kwesta 'via?]
Zeigen Sie mir wo wir gerade sind.	**Può mostrarmi dove ci troviamo?**
	[pu'o mo'strarmi 'dove tʃi tro'vjamo]
Kann ich dort zu Fuß hingehen?	**Posso andarci a piedi?**
	[posso an'dartʃi a 'pjedi?]
Haben Sie einen Stadtplan?	**Avete la piantina della città?**
	[a'vete la pjan'tina 'della tʃitta?]

Was kostet eine Eintrittskarte?	**Quanto costa un biglietto?**
	[kwanto 'kosta un biʎ'ʎetto?]
Darf man hier fotografieren?	**Si può fotografare?**
	[si pu'o fotogra'fare?]
Haben Sie offen?	**E' aperto?**
	[e a'perto?]

Wann öffnen Sie?

Quando aprite?
[kwando a'prite?]

Wann schließen Sie?

Quando chiudete?
[kwando kju'dete?]

Geld

Geld	**Soldi** [soldi]
Bargeld	**contanti** [kon'tanti]
Papiergeld	**banconote** [banko'note]
Kleingeld	**monete** [mo'nete]
Scheck | Wechselgeld | Trinkgeld	**conto | resto | mancia** [konto | 'resto | 'manʧa]
Kreditkarte	**carta di credito** [karta di 'kredito]
Geldbeutel	**portafoglio** [porta·'foʎʎo]
kaufen	**comprare** [kom'prare]
zahlen	**pagare** [pa'gare]
Strafe	**multa** [multa]
kostenlos	**gratuito** [gratu'ito]
Wo kann ich … kaufen?	**Dove posso comprare …?** [dove 'posso kom'prare …?]
Ist die Bank jetzt offen?	**La banca è aperta adesso?** [la 'banka e a'perta a'desso?]
Wann öffnet sie?	**Quando apre?** [kwando 'apre?]
Wann schließt sie?	**Quando chiude?** [kwando 'kjude?]
Wie viel?	**Quanto costa?** [kwanto 'kosta?]
Was kostet das?	**Quanto costa questo?** [kwanto 'kosta 'kwesto?]
Das ist zu teuer.	**È troppo caro.** [e 'troppo 'karo]
Entschuldigen Sie bitte, wo ist die Kasse?	**Scusi, dov'è la cassa?** [skuzi, dov'e la 'kassa?]
Ich möchte zahlen.	**Il conto, per favore.** [il 'konto, per fa'vore]

Kann ich mit Karte zahlen?

Posso pagare con la carta di credito?
[posso pa'gare kon la 'karta di 'kredito?]

Gibt es hier einen Geldautomat?

C'è un bancomat?
[tʃe un 'bankomat?]

Ich brauche einen Geldautomat.

Sto cercando un bancomat.
[sto tʃer'kando un 'bankomat]

Ich suche eine Wechselstube.

Sto cercando un ufficio dei cambi.
[sto tʃer'kando un uf'fitʃio dei 'kambi]

Ich möchte ... wechseln.

Vorrei cambiare ...
[vor'rej kam'bjare ...]

Was ist der Wechselkurs?

Quanto è il tasso di cambio?
[kwanto e il 'tasso di 'kambio]

Brauchen Sie meinen Reisepass?

Ha bisogno del mio passaporto?
[a bi'zoɲo del 'mio passa'porto?]

Zeit

Wie spät ist es?	**Che ore sono?** [ke 'ore 'sono?]
Wann?	**Quando?** [kwando?]
Um wie viel Uhr?	**A che ora?** [a ke 'ora?]
jetzt | später | nach …	**adesso | più tardi | dopo …** [a'desso | pju 'tardi | 'dopo …]
ein Uhr	**l'una** [luna]
Viertel zwei	**l'una e un quarto** [luna e un 'kwarto]
Ein Uhr dreißig	**l'una e trenta** [luna e 'trenta]
Viertel vor zwei	**l'una e quarantacinque** [luna e kwa'ranta 'tʃinkwe]
eins | zwei | drei	**uno | due | tre** [uno | 'due | tre]
vier | fünf | sechs	**quattro | cinque | sei** [kwattro | 'tʃinkwe | sej]
sieben | acht | neun	**sette | otto | nove** [sette | 'otto | 'nove]
zehn | elf | zwölf	**dieci | undici | dodici** [djetʃi | 'unditʃi | 'doditʃi]
in …	**fra …** [fra …]
fünf Minuten	**cinque minuti** [tʃinkwe mi'nuti]
zehn Minuten	**dieci minuti** ['djetʃi mi'nuti]
fünfzehn Minuten	**quindici minuti** [kwinditʃi mi'nuti]
zwanzig Minuten	**venti minuti** [venti mi'nuti]
einer halben Stunde	**mezzora** [med'dzora]
einer Stunde	**un'ora** [un 'ora]

am Vormittag	**la mattina** [la mat'tina]
früh am Morgen	**la mattina presto** [la mat'tina 'presto]
diesen Morgen	**questa mattina** [kwesta mat'tina]
morgen früh	**domani mattina** [do'mani mat'tina]
am Mittag	**all'ora di pranzo** [all 'ora di 'prantso]
am Nachmittag	**nel pomeriggio** [nel pome'ridʒo]
am Abend	**la sera** [la 'sera]
heute Abend	**stasera** [sta'sera]
in der Nacht	**la notte** [la 'notte]
gestern	**ieri** ['jeri]
heute	**oggi** [odʒi]
morgen	**domani** [do'mani]
übermorgen	**dopodomani** [dopodo'mani]
Welcher Tag ist heute?	**Che giorno è oggi?** [ke 'dʒorno e 'odʒi?]
Es ist …	**Oggi è …** [odʒi e …?]
Montag	**lunedì** [lune'di]
Dienstag	**martedì** [marte'di]
Mittwoch	**mercoledì** [merkole'di]
Donnerstag	**giovedì** [dʒove'di]
Freitag	**venerdì** [vener'di]
Samstag	**sabato** [sabato]
Sonntag	**domenica** [do'menika]

Begrüßungen und Vorstellungen

Hallo.	**Salve.** [salve]
Freut mich, Sie kennen zu lernen.	**Lieto di conoscerla.** [leto di ko'noʃerla]
Ganz meinerseits.	**Il piacere è mio.** [il pja'tʃere e 'mio]
Darf ich vorstellen? Das ist …	**Vi presento …** [vi pre'zento …]
Sehr angenehm.	**Molto piacere.** [molto pja'tʃere]
Wie geht es Ihnen?	**Come sta?** [kome sta?]
Ich heiße …	**Mi chiamo …** [mi 'kjamo …]
Er heißt …	**Si chiama …** [si 'kjama …]
Sie heißt …	**Si chiama …** [si 'kjama …]
Wie heißen Sie?	**Come si chiama?** [kome si 'kjama?]
Wie heißt er?	**Come si chiama lui?** [kome si 'kjama 'lui?]
Wie heißt sie?	**Come si chiama lei?** [kome si 'kjama 'lei?]
Wie ist Ihr Nachname?	**Qual'è il suo cognome?** [kwal e 'suo ko'ɲome?]
Sie können mich … nennen.	**Può chiamarmi …** [pu'o kja'marmi …]
Woher kommen Sie?	**Da dove viene?** [da 'dove 'vjene?]
Ich komme aus …	**Vengo da …** [vengo da …]
Was machen Sie beruflich?	**Che lavoro fa?** [ke la'voro 'fa?]
Wer ist das?	**Chi è?** [ki 'e?]
Wer ist er?	**Chi è lui?** [ki e 'lui?]
Wer ist sie?	**Chi è lei?** [ki e 'lei?]
Wer sind sie?	**Chi sono loro?** [ki 'sono 'loro?]

Das ist …	**Questo /Questa/ è …**
	[kwesto /'kwesta/ e …]
mein Freund	**il mio amico**
	[il 'mio a'miko]
meine Freundin	**la mia amica**
	[la 'mia a'mika]
mein Mann	**mio marito**
	[mio ma'rito]
meine Frau	**mia moglie**
	[mia 'moʎʎe]

mein Vater	**mio padre**
	[mio 'padre]
meine Mutter	**mia madre**
	[mia 'madre]
mein Bruder	**mio fratello**
	[mio fra'tello]
meine Schwester	**mia sorella**
	[mia so'rella]
mein Sohn	**mio figlio**
	[mio 'fiʎʎo]
meine Tochter	**mia figlia**
	[mia 'fiʎʎa]

Das ist unser Sohn.	**Questo è nostro figlio.**
	[kwesto e 'nostro 'fiʎʎo]
Das ist unsere Tochter.	**Questa è nostra figlia.**
	[kwesta e 'nostra 'fiʎʎa]
Das sind meine Kinder.	**Questi sono i miei figli.**
	[kwesti 'sono i 'mjei 'fiʎʎi]
Das sind unsere Kinder.	**Questi sono i nostri figli.**
	[kwesti 'sono i 'nostri 'fiʎʎi]

Verabschiedungen

Auf Wiedersehen!
Arrivederci!
[arrive'dertʃi!]

Tschüss!
Ciao!
[tʃao!]

Bis morgen.
A domani.
[a do'mani]

Bis bald.
A presto.
[a 'presto]

Bis um sieben.
Ci vediamo alle sette.
[tʃi ve'djamo 'alle 'sette]

Viel Spaß!
Divertitevi!
[diverti'tevi!]

Wir sprechen später.
Ci sentiamo più tardi.
[tʃi sen'tjamo 'pju 'tardi]

Ich wünsche Ihnen
ein schönes Wochenende.
Buon fine settimana.
[bu'on 'fine setti'mana]

Gute Nacht.
Buona notte
[bu'ona 'notte]

Es ist Zeit, dass ich gehe.
Adesso devo andare.
[a'desso 'devo an'dare]

Ich muss gehen.
Devo andare.
[devo an'dare]

Ich bin gleich wieder da.
Torno subito.
[torno 'subito]

Es ist schon spät.
È tardi.
[e 'tardi]

Ich muss früh aufstehen.
Domani devo alzarmi presto.
[do'mani 'devo al'tsarmi 'presto]

Ich reise morgen ab.
Parto domani.
[parto do'mani]

Wir reisen morgen ab.
Partiamo domani.
[par'tjamo do'mani]

Ich wünsche Ihnen eine gute Reise!
Buon viaggio!
[bu'on 'vjadʒo!]

Hat mich gefreut, Sie kennen zu lernen.
È stato un piacere conoscerla.
[e 'stato un pja'tʃere di ko'noʃerla]

Hat mich gefreut mit Ihnen zu sprechen.
È stato un piacere parlare con lei.
[e 'stato un pja'tʃere par'lare kon lej]

Danke für alles.
Grazie di tutto.
[gratsie di 'tutto]

Ich hatte eine sehr gute Zeit.	**Mi sono divertito.** [mi 'sono diver'tito]
Wir hatten eine sehr gute Zeit.	**Ci siamo divertiti.** [ʧi 'sjamo di'vertiti]
Es war wirklich toll.	**È stato straordinario.** [e 'stato straordi'nario]
Ich werde Sie vermissen.	**Mi mancherà.** [mi maŋke'ra]
Wir werden Sie vermissen.	**Ci mancherà.** [ʧi maŋke'ra]
Viel Glück!	**Buona fortuna!** [bu'ona for'tuna!]
Grüßen Sie ...	**Mi saluti ...** [mi sa'luti ...]

Fremdsprache

Ich verstehe nicht.	**Non capisco.** [non ka'pisko]
Schreiben Sie es bitte auf.	**Lo può scrivere, per favore?** [lo pu'o 'skrivere, per fa'vore]
Sprechen Sie ...?	**Parla ...?** [parla ...?]
Ich spreche ein bisschen ...	**Parlo un po' ...** [parlo un po ...]
Englisch	**inglese** [in'gleze]
Türkisch	**turco** [turko]
Arabisch	**arabo** [arabo]
Französisch	**francese** [fran'tʃeze]
Deutsch	**tedesco** [te'desko]
Italienisch	**italiano** [ita'ljano]
Spanisch	**spagnolo** [spa'ɲolo]
Portugiesisch	**portoghese** [porto'geze]
Chinesisch	**cinese** [tʃi'neze]
Japanisch	**giapponese** [dʒappo'neze]
Können Sie das bitte wiederholen.	**Può ripetere, per favore.** [pu'o ri'petere, per fa'vore]
Ich verstehe.	**Capisco.** [ka'pisko]
Ich verstehe nicht.	**Non capisco.** [non ka'pisko]
Sprechen Sie etwas langsamer.	**Può parlare più piano, per favore.** [pu'o par'lare pju 'pjano, per fa'vore]
Ist das richtig?	**È corretto?** [e kor'retto?]
Was ist das? (Was bedeutet das?)	**Cos'è questo?** [koz e 'kwesto?]

Entschuldigungen

Entschuldigen Sie bitte.

Mi scusi, per favore.
[mi 'skuzi, per fa'vore]

Es tut mir leid.

Mi dispiace.
[mi dis'pjatʃe]

Es tut mir sehr leid.

Mi dispiace molto.
[mi dis'pjatʃe 'molto]

Es tut mir leid, das ist meine Schuld.

Mi dispiace, è colpa mia.
[mi dis'pjatʃe, e 'kolpa 'mia]

Das ist mein Fehler.

È stato un mio errore.
[e 'stato un 'mio er'rore]

Darf ich ...?

Posso ...?
[posso ...?]

Haben Sie etwas dagegen, wenn ich ...?

Le dispiace se ...?
[le dis'pjatʃe se ...?]

Es ist okay.

Non fa niente.
[non fa 'njente]

Alles in Ordnung.

Tutto bene.
[tutto 'bene]

Machen Sie sich keine Sorgen.

Non si preoccupi.
[non si pre'okkupi]

Einigung

Ja.	**Sì.** [si]
Ja, natürlich.	**Sì, certo.** [si, 'tʃerto]
Ok! (Gut!)	**Bene.** [bene]
Sehr gut.	**Molto bene.** [molto 'bene]
Natürlich!	**Certamente!** [tʃerta'mente!]
Genau.	**Sono d'accordo.** [sono dak'kordo]
Das stimmt.	**Esatto.** [e'satto]
Das ist richtig.	**Giusto.** [dʒusto]
Sie haben Recht.	**Ha ragione.** [a ra'dʒone]
Ich habe nichts dagegen.	**È lo stesso.** [e lo 'stesso]
Völlig richtig.	**È assolutamente corretto.** [e assoluta'mente kor'retto]
Das kann sein.	**È possibile.** [e pos'sibile]
Das ist eine gute Idee.	**È una buona idea.** [e 'una bu'ona i'dea]
Ich kann es nicht ablehnen.	**Non posso dire di no.** [non 'posso 'dire di no]
Ich würde mich freuen.	**Ne sarei lieto.** [ne sa'rei 'leto]
Gerne.	**Con piacere.** [kon pja'tʃere]

Ablehnung. Äußerung von Zweifel

Nein.

No.
[no]

Natürlich nicht.

Sicuramente no.
[sikura'mente no]

Ich stimme nicht zu.

Non sono d'accordo.
[non 'sono dak'kordo]

Das glaube ich nicht.

Non penso.
[non 'penso]

Das ist falsch.

Non è vero.
[non e 'vero]

Sie liegen falsch.

Si sbaglia.
[si 'zbaʎʎa]

Ich glaube, Sie haben Unrecht.

Penso che lei si stia sbagliando.
[penso ke 'lei si stia zbaʎ'ʎando]

Ich bin nicht sicher.

Non sono sicuro.
[non 'sono si'kuro]

Das ist unmöglich.

È impossibile.
[e impos'sibile]

Nichts dergleichen!

Assolutamente no!
[assoluta'mente no!]

Im Gegenteil!

Esattamente il contrario!
[ezatta'mente al kon'trario!]

Ich bin dagegen.

Sono contro.
[sono 'kontro]

Es ist mir egal.

Non m'interessa.
[non minte'ressa]

Keine Ahnung.

Non ne ho idea.
[non ne o i'dea]

Ich bezweifle, dass es so ist.

Dubito che sia così.
[dubito ke 'sia ko'zi]

Es tut mir leid, ich kann nicht.

Mi dispiace, non posso.
[mi dis'pjatʃe, non 'posso]

Es tut mir leid, ich möchte nicht.

Mi dispiace, non voglio.
[mi dis'pjatʃe, non 'voʎʎo]

Danke, das brauche ich nicht.

Non ne ho bisogno, grazie.
[non ne o bi'zoɲo, 'gratsie]

Es ist schon spät.

È già tardi.
[e dʒa 'tardi]

Ich muss früh aufstehen.

Devo alzarmi presto.
[devo alts'armi 'presto]

Mir geht es schlecht.

Non mi sento bene.
[non mi 'sento 'bene]

Dankbarkeit ausdrücken

Danke.	**Grazie.** [gratsie]
Dankeschön.	**Grazie mille.** [gratsie 'mille]
Ich bin Ihnen sehr verbunden.	**Le sono riconoscente.** [le 'sono rikono'ʃente]
Ich bin Ihnen sehr dankbar.	**Le sono davvero grato.** [le 'sono dav'vero 'grato]
Wir sind Ihnen sehr dankbar.	**Le siamo davvero grati.** [le 'sjamo dav'vero 'grati]

Danke, dass Sie Ihre Zeit geopfert haben.	**Grazie per la sua disponibilità.** [gratsie per la 'sua disponibili'ta]
Danke für alles.	**Grazie di tutto.** [gratsie di 'tutto]
Danke für ...	**Grazie per ...** [gratsie per ...]
Ihre Hilfe	**il suo aiuto** [il 'suo a'juto]
die schöne Zeit	**il bellissimo tempo** [il bel'lissimo 'tempo]

das wunderbare Essen	**il delizioso pranzo** [il deli'tsjozo 'prantso]
den angenehmen Abend	**la bella serata** [la 'bella se'rata]
den wunderschönen Tag	**la bella giornata** [la 'bella dʒor'nata]
die interessante Führung	**la splendida gita** [la 'splendida 'dʒita]

Keine Ursache.	**Non c'è di che.** [non tʃe di 'ke]
Nichts zu danken.	**Prego.** [prego]
Immer gerne.	**Con piacere.** [kon pja'tʃere]
Es freut mich, geholfen zu haben.	**È stato un piacere.** [e 'stato un pja'tʃere]
Vergessen Sie es.	**Non ci pensi neanche.** [non tʃi 'pensi ne'aŋke]
Machen Sie sich keine Sorgen.	**Non si preoccupi.** [non si pre'okkupi]

Glückwünsche. Beste Wünsche

Glückwunsch!

Congratulazioni!
[kongratula'tsjoni!]

Alles gute zum Geburtstag!

Buon compleanno!
[bu'on komple'anno!]

Frohe Weihnachten!

Buon Natale!
[bu'on na'tale!]

Frohes neues Jahr!

Felice Anno Nuovo!
[fe'litʃe 'anno nu'ovo!]

Frohe Ostern!

Buona Pasqua!
[bu'ona 'paskwa!]

Frohes Hanukkah!

Felice Hanukkah!
[fe'litʃe anu'ka!]

Ich möchte einen Toast ausbringen.

Vorrei fare un brindisi.
[vor'rej 'fare un 'brindizi]

Auf Ihr Wohl!

Salute!
[sa'lute!]

Trinken wir auf …!

Beviamo a …!
[be'vjamo a …!]

Auf unseren Erfolg!

Al nostro successo!
[al 'nostro su'tʃesso!]

Auf Ihren Erfolg!

Al suo successo!
[al 'suo su'tʃesso!]

Viel Glück!

Buona fortuna!
[bu'ona for'tuna!]

Einen schönen Tag noch!

Buona giornata!
[bu'ona dʒor'nata!]

Haben Sie einen guten Urlaub!

Buone vacanze!
[bu'one va'kantse!]

Haben Sie eine sichere Reise!

Buon viaggio!
[bu'on 'vjadʒo!]

Ich hoffe es geht Ihnen bald besser!

Spero guarisca presto!
[spero gwa'riska 'presto!]

Sozialisieren

Warum sind Sie traurig?	**Perché è triste?** [per'ke e 'triste?]
Lächeln Sie!	**Sorrida!** [sor'rida!]
Sind Sie heute Abend frei?	**È libero stasera?** [e 'libero sta'sera?]
Darf ich Ihnen was zum Trinken anbieten?	**Posso offrirle qualcosa da bere?** [posso of'frirle kwal'koza da 'bere?]
Möchten Sie tanzen?	**Vuole ballare?** [vu'ole bal'lare?]
Gehen wir ins Kino.	**Andiamo al cinema.** [an'djamo al 'tʃinema]
Darf ich Sie ins … einladen?	**Posso invitarla …?** [posso invi'tarla …?]
Restaurant	**al ristorante** [al risto'rante]
Kino	**al cinema** [al 'tʃinema]
Theater	**a teatro** [a te'atro]
auf einen Spaziergang	**a fare una passeggiata** [per 'fare 'una passe'dʒata]
Um wie viel Uhr?	**A che ora?** [a ke 'ora?]
heute Abend	**stasera** [sta'sera]
um sechs Uhr	**alle sei** [alle 'sei]
um sieben Uhr	**alle sette** [alle 'sette]
um acht Uhr	**alle otto** [alle 'otto]
um neun Uhr	**alle nove** [alle 'nove]
Gefällt es Ihnen hier?	**Le piace qui?** [le 'pjatʃe kwi?]
Sind Sie hier mit jemandem?	**È qui con qualcuno?** [e kw'i kon kwal'kuno?]
Ich bin mit meinem Freund /meiner Freundin/.	**Sono con un amico /una amica/.** [sono kon un a'miko /'una a'mika/]

Ich bin mit meinen Freunden.

Sono con i miei amici.
[sono kon i mjei a'mitʃi]

Nein, ich bin alleine.

No, sono da solo /sola/.
[no, 'sono da 'solo /'sola/]

Hast du einen Freund?

Hai il ragazzo?
[ai il ra'gattso?]

Ich habe einen Freund.

Ho il ragazzo.
[o il ra'gattso]

Hast du eine Freundin?

Hai la ragazza?
[ai il ra'gattsa?]

Ich habe eine Freundin.

Ho la ragazza.
[o la ra'gattsa]

Kann ich dich nochmals sehen?

Posso rivederti?
[posso rive'derti?]

Kann ich dich anrufen?

Posso chiamarti?
[posso kja'marti?]

Ruf mich an.

Chiamami.
['kjamami]

Was ist deine Nummer?

Qual'è il tuo numero?
[kwal e il 'tuo 'numero?]

Ich vermisse dich.

Mi manchi.
[mi 'maŋki]

Sie haben einen schönen Namen.

Ha un bel nome.
[a un bel 'nome]

Ich liebe dich.

Ti amo.
[ti 'amo]

Willst du mich heiraten?

Mi vuoi sposare?
[mi vu'oj spo'zare?]

Sie machen Scherze!

Sta scherzando!
[sta sker'tsando!]

Ich habe nur gescherzt.

Sto scherzando.
[sto sker'tsando]

Ist das Ihr Ernst?

Lo dice sul serio?
[lo 'ditʃe sul 'serio?]

Das ist mein Ernst.

Sono serio /seria/.
[sono 'serio /'seria/]

Echt?!

Davvero?!
[dav'vero?!]

Das ist unglaublich!

È incredibile!
[e inkre'dibile]

Ich glaube Ihnen nicht.

Non le credo.
[non le 'kredo]

Ich kann nicht.

Non posso.
[non 'posso]

Ich weiß nicht.

No so.
[non so]

Ich verstehe Sie nicht.

Non la capisco.
[non la ka'pisko]

Bitte gehen Sie weg.

Per favore, vada via.
[per fa'vore, 'vada 'via]

Lassen Sie mich in Ruhe!

Mi lasci in pace!
[mi 'laʃi in 'patʃe!]

Ich kann ihn nicht ausstehen.

Non lo sopporto.
[non lo sop'porto]

Sie sind widerlich!

Lei è disgustoso!
[lei e dizgu'stozo!]

Ich rufe die Polizei an!

Chiamo la polizia!
[kjamo la poli'tsia!]

Gemeinsame Eindrücke. Emotionen

Das gefällt mir.	**Mi piace.** [mi 'pjaʧe]
Sehr nett.	**Molto carino.** [molto ka'rino]
Das ist toll!	**È formidabile!** [e formi'dabile!]
Das ist nicht schlecht.	**Non è male.** [non e 'male]
Das gefällt mir nicht.	**Non mi piace.** [non mi 'pjaʧe]
Das ist nicht gut.	**Questo non è buono.** [kwesto non e bu'ono]
Das ist schlecht.	**È cattivo.** [e kat'tivo]
Das ist sehr schlecht.	**È molto cattivo.** [e 'molto kat'tivo]
Das ist widerlich.	**È disgustoso.** [e dizgu'stozo]
Ich bin glücklich.	**Sono felice.** [sono fe'liʧe]
Ich bin zufrieden.	**Sono contento /contenta/.** [sono kon'tento /kon'tenta/]
Ich bin verliebt.	**Sono innamorato /innamorata/.** [sono innamo'rato /innamo'rata/]
Ich bin ruhig.	**Sono calmo /calma/.** [sono 'kalmo /'kalma/]
Ich bin gelangweilt.	**Sono annoiato /annoiata/.** [sono anno'jato /anno'jata/]
Ich bin müde.	**Sono stanco /stanca/.** [sono 'stanko /'stanka/]
Ich bin traurig.	**Sono triste.** [sono 'triste]
Ich habe Angst.	**Sono spaventato /spaventata/.** [sono spaven'tato /spaven'tata/]
Ich bin wütend.	**Sono arrabbiato /arrabbiata/.** [sono arrab'bjato /arrab'bjata/]
Ich mache mir Sorgen.	**Sono preoccupato /preoccupata/.** [sono preokku'pato /preokku'pata/]
Ich bin nervös.	**Sono nervoso /nervosa/.** [sono ner'vozo /ner'voza/]

Ich bin eifersüchtig.	**Sono geloso /gelosa/.** [sono dʒeˈlozo /dʒeˈloza/]
Ich bin überrascht .	**Sono sorpreso /sorpresa/.** [sono sorˈprezo /sorˈpreza/]
Es ist mir peinlich.	**Sono perplesso /perplessa/.** [sono perˈplesso /perˈplessa/]

Probleme. Unfälle

Ich habe ein Problem.	**Ho un problema.** [o un pro'blema]
Wir haben Probleme.	**Abbiamo un problema.** [ab'bjamo un pro'blema]
Ich bin verloren.	**Sono perso /persa/.** [sono' perso /'persa/]
Ich habe den letzten Bus (Zug) verpasst.	**Ho perso l'ultimo autobus (treno).** [o 'perso 'lultimo 'autobus ('treno)]
Ich habe kein Geld mehr.	**Non ho più soldi.** [non o pju 'soldi]

Ich habe mein … verloren.	**Ho perso …** [o 'perso …]
Jemand hat mein … gestohlen.	**Mi hanno rubato …** [mi 'anno ru'bato …]
Reisepass	**il passaporto** [il passa'porto]
Geldbeutel	**il portafoglio** [il porta'foʎʎo]
Papiere	**i documenti** [i doku'menti]
Fahrkarte	**il biglietto** [il biʎ'ʎetto]
Geld	**i soldi** [i 'soldi]
Tasche	**la borsa** [la 'borsa]
Kamera	**la macchina fotografica** [la 'makkina foto'grafika]
Laptop	**il computer portatile** [il kom'pjuter por'tatile]
Tabletcomputer	**il tablet** [il 'tablet]
Handy	**il telefono cellulare** [il te'lefono ʧellu'lare]

Hilfe!	**Aiuto!** [a'juto]
Was ist passiert?	**Che cosa è successo?** [ke 'koza e su'ʧesso?]
Feuer	**fuoco** [fu'oko]
Schießerei	**sparatoria** [spara'toria]

Mord	**omicidio** [omi'tʃidio]
Explosion	**esplosione** [esplo'zjone]
Schlägerei	**rissa** ['rissa]

Rufen Sie die Polizei!	**Chiamate la polizia!** [kja'mate la poli'tsia!]
Beeilen Sie sich!	**Per favore, faccia presto!** [per fa'vore, 'fatʃa 'presto!]
Ich suche nach einer Polizeistation.	**Sto cercando la stazione di polizia.** [sto tʃer'kando la sta'tsjone di poli'tsia]
Ich muss einen Anruf tätigen.	**Devo fare una telefonata.** [devo 'fare 'una telefo'nata]
Kann ich Ihr Telefon benutzen?	**Posso usare il suo telefono?** [posso u'zare il 'suo te'lefono?]

Ich wurde …	**Sono stato /stata/ …** [sono 'stato /'stata/ …]
ausgeraubt	**aggredito /aggredita/** [ag'gredito /ag'gredita/]
überfallen	**derubato /derubata/** [deru'bato /deru'bata/]
vergewaltigt	**violentata** [violen'tata]
angegriffen	**assalito /assalita/** [assa'lito /assa'lita/]

Ist bei Ihnen alles in Ordnung?	**Lei sta bene?** [lei sta 'bene?]
Haben Sie gesehen wer es war?	**Ha visto chi è stato?** [a 'visto ki e 'stato?]
Sind Sie in der Lage die Person wiederzuerkennen?	**È in grado di riconoscere la persona?** [e in 'grado di riko'noʃere la per'sona?]
Sind sie sicher?	**È sicuro?** [e si'kuro?]

Beruhigen Sie sich bitte!	**Per favore, si calmi.** [per fa'vore, si 'kalmi]
Ruhig!	**Si calmi!** [si 'kalmi!]
Machen Sie sich keine Sorgen	**Non si preoccupi.** [non si pre'okkupi]
Alles wird gut.	**Andrà tutto bene.** [and'ra 'tutto 'bene]
Alles ist in Ordnung.	**Va tutto bene.** [va 'tutto 'bene]
Kommen Sie bitte her.	**Venga qui, per favore.** [venga kwi, per fa'vore]
Ich habe einige Fragen für Sie.	**Devo porle qualche domanda.** [devo 'porle 'kwalke do'manda]

Warten Sie einen Moment bitte.

Aspetti un momento, per favore.
[a'spetti un mo'mento, per fa'vore]

Haben Sie einen Identifikationsnachweis?

Ha un documento d'identità?
[a un doku'mento didenti'ta?]

Danke. Sie können nun gehen.

Grazie. Può andare ora.
[gratsie. pu'o an'dare 'ora]

Hände hinter dem Kopf!

Mani dietro la testa!
[mani 'djetro la 'testa!]

Sie sind verhaftet!

È in arresto!
[e in ar'resto!]

Gesundheitsprobleme

Helfen Sie mir bitte.	**Mi può aiutare, per favore.**
	[mi pu'o aju'tare, per fa'vore]
Mir ist schlecht.	**Non mi sento bene.**
	[non mi 'sento 'bene]
Meinem Ehemann ist schlecht.	**Mio marito non si sente bene.**
	[mio ma'rito non si 'sente 'bene]
Mein Sohn …	**Mio figlio …**
	[mio 'fiʎʎo …]
Mein Vater …	**Mio padre …**
	[mio 'padre …]

Meine Frau fühlt sich nicht gut.	**Mia moglie non si sente bene.**
	[mia 'moʎʎe non si 'sente 'bene]
Meine Tochter …	**Mia figlia …**
	[mia 'fiʎʎa …]
Meine Mutter …	**Mia madre …**
	[mia 'madre …]

Ich habe … schmerzen.	**Ho mal di …**
	[o mal di …]
Kopf-	**testa**
	[testa]
Hals-	**gola**
	[gola]
Bauch-	**pancia**
	['pantʃa]
Zahn-	**denti**
	[denti]

Mir ist schwindelig.	**Mi gira la testa.**
	[mi 'dʒira la 'testa]
Er hat Fieber.	**Ha la febbre.**
	[a la 'febbre]
Sie hat Fieber.	**Ha la febbre.**
	[a la 'febbre]
Ich kann nicht atmen.	**Non riesco a respirare.**
	[non ri'esko a respi'rare]

Ich kriege keine Luft.	**Mi manca il respiro.**
	[mi 'manka il re'spiro]
Ich bin Asthmatiker.	**Sono asmatico /asmatica/.**
	[sono az'matiko /az'matika/]
Ich bin Diabetiker /Diabetikerin/	**Sono diabetico /diabetica/.**
	[sono dia'betiko /dia'betika/]

Ich habe Schlaflosigkeit.	**Soffro d'insonnia.** [soffro din'sonnia]
Lebensmittelvergiftung	**intossicazione alimentare** [intossikat'tsjone alimen'tare]

Es tut hier weh.	**Fa male qui.** [fa 'male kwi]
Hilfe!	**Mi aiuti!** [mi a'juti!]
Ich bin hier!	**Sono qui!** [sono kwi!]
Wir sind hier!	**Siamo qui!** [sjamo kwi!]
Bringen Sie mich hier raus!	**Mi tiri fuori di qui!** [mi 'tiri fu'ori di kwi!]
Ich brauche einen Arzt.	**Ho bisogno di un dottore.** [o bi'zoɲo di un dot'tore]
Ich kann mich nicht bewegen.	**Non riesco a muovermi.** [non ri'esko a mu'overmi]
Ich kann meine Beine nicht bewegen.	**Non riesco a muovere le gambe.** [non ri'esko a mu'overe le 'gambe]

Ich habe eine Wunde.	**Ho una ferita.** [o 'una fe'rita]
Ist es ernst?	**È grave?** [e 'grave?]
Meine Dokumente sind in meiner Hosentasche.	**I miei documenti sono in tasca.** [i 'mjei doku'menti 'sono in 'taska]
Beruhigen Sie sich!	**Si calmi!** [si 'kalmi!]
Kann ich Ihr Telefon benutzen?	**Posso usare il suo telefono?** [posso u'zare il 'suo te'lefono?]

Rufen Sie einen Krankenwagen!	**Chiamate l'ambulanza!** [kja'mate lambu'lantsa!]
Es ist dringend!	**È urgente!** [e ur'dʒente!]
Es ist ein Notfall!	**È un'emergenza!** [e un emer'dʒentsa!]
Schneller bitte!	**Per favore, faccia presto!** [per fa'vore, 'fatʃa 'presto!]
Können Sie bitte einen Arzt rufen?	**Per favore, chiamate un medico.** [per fa'vore, kja'mate un 'mediko]
Wo ist das Krankenhaus?	**Dov'è l'ospedale?** [dov'e lospe'dale?]

Wie fühlen Sie sich?	**Come si sente?** [kome si 'sente?]
Ist bei Ihnen alles in Ordnung?	**Sta bene?** [sta 'bene?]
Was ist passiert?	**Che cosa è successo?** [ke 'koza e su'tʃesso?]

Mir geht es schon besser.

Mi sento meglio ora.
[mi 'sento 'meʎʎo 'ora]

Es ist in Ordnung.

Va bene.
[va 'bene]

Alles ist in Ordnung.

Va tutto bene.
[va 'tutto 'bene]

In der Apotheke

Apotheke	**farmacia** [farma'ʧija]
24 Stunden Apotheke	**farmacia di turno** [farma'ʧija di 'turno]
Wo ist die nächste Apotheke?	**Dov'è la farmacia più vicina?** [dov'e la farma'ʧija pju vi'ʧina?]
Ist sie jetzt offen?	**È aperta a quest'ora?** [e a'perta a 'kwest 'ora?]
Um wie viel Uhr öffnet sie?	**A che ora apre?** [a ke 'ora 'apre?]
Um wie viel Uhr schließt sie?	**A che ora chiude?** [a ke 'ora 'kjude?]
Ist es weit?	**È lontana?** [e lon'tana?]
Kann ich dort zu Fuß hingehen?	**Posso andarci a piedi?** [posso an'darʧi a 'pjedi?]
Können Sie es mir auf der Karte zeigen?	**Può mostrarmi sulla piantina?** [pu'o mo'strarmi 'sulla pjan'tina?]
Bitte geben sie mir etwas gegen ...	**Per favore, può darmi qualcosa per ...** [per fa'vore, pu'o 'darmi kwal'koza per ...]
Kopfschmerzen	**il mal di testa** [il mal di 'testa]
Husten	**la tosse** [la 'tosse]
eine Erkältung	**il raffreddore** [il raffred'dore]
die Grippe	**l'influenza** [linflu'entsa]
Fieber	**la febbre** [la 'febbre]
Magenschmerzen	**il mal di stomaco** [il mal di 'stomako]
Übelkeit	**la nausea** [la 'nauzea]
Durchfall	**la diarrea** [la diar'rea]
Verstopfung	**la costipazione** [la kostipa'tsjone]
Rückenschmerzen	**mal di schiena** [mal di 'skjena]

Brustschmerzen	**dolore al petto** [do'lore al 'petto]
Seitenstechen	**fitte al fianco** [fitte al 'fjanko]
Bauchschmerzen	**dolori addominali** [do'lori addomi'nali]

Pille	**pastiglia** [pa'stiʎʎa]
Salbe, Creme	**pomata** [po'mata]
Sirup	**sciroppo** [ʃi'roppo]
Spray	**spray** [spraj]
Tropfen	**gocce** [gotʃe]

Sie müssen ins Krankenhaus gehen.	**Deve andare in ospedale.** [deve an'dare in ospe'dale]
Krankenversicherung	**assicurazione sanitaria** [assikura'tsjone sani'taria]
Rezept	**prescrizione** [preskri'tsjone]
Insektenschutzmittel	**insettifugo** [inset'tifugo]
Pflaster	**cerotto** [tʃe'rotto]

Das absolute Minimum

Entschuldigen Sie bitte, …	**Mi scusi, …** [mi 'skuzi, …]
Hallo.	**Buongiorno.** [buon'dʒorno]
Danke.	**Grazie.** [gratsie]
Auf Wiedersehen.	**Arrivederci.** [arrive'dertʃi]
Ja.	**Sì.** [si]
Nein.	**No.** [no]
Ich weiß nicht.	**Non lo so.** [non lo so]
Wo? | Wohin? | Wann?	**Dove? | Dove? | Quando?** [dove? | 'dove? | 'kwando?]

Ich brauche …	**Ho bisogno di …** [o bi'zoɲo di …]
Ich möchte …	**Voglio …** [voʎʎo …]
Haben Sie …?	**Avete …?** [a'vete …?]
Gibt es hier …?	**C'è un /una/ … qui?** [tʃe un /'una/ … kwi?]
Kann ich …?	**Posso …?** [posso …?]
Bitte (anfragen)	**per favore** [per fa'vore]

Ich suche …	**Sto cercando …** [sto tʃer'kando …]
die Toilette	**bagno** [baɲo]
den Geldautomat	**bancomat** [bankomat]
die Apotheke	**farmacia** [farma'tʃija]
das Krankenhaus	**ospedale** [ospe'dale]
die Polizeistation	**stazione di polizia** [sta'tsjone di poli'tsia]
die U-Bahn	**metropolitana** [metropoli'tana]

das Taxi	**taxi** ['taksi]
den Bahnhof	**stazione** [sta'tsjone]

Ich heiße ...	**Mi chiamo ...** [mi 'kjamo ...]
Wie heißen Sie?	**Come si chiama?** [kome si 'kjama?]
Helfen Sie mir bitte.	**Mi può aiutare, per favore?** [mi pu'o aju'tare, per fa'vore?]
Ich habe ein Problem.	**Ho un problema.** [o un pro'blema]
Mir ist schlecht.	**Mi sento male.** [mi 'sento 'male]
Rufen Sie einen Krankenwagen!	**Chiamate l'ambulanza!** [kja'mate lambu'lantsa!]
Darf ich telefonieren?	**Posso fare una telefonata?** [posso 'fare 'una telefo'nata?]

Entschuldigung.	**Mi dispiace.** [mi dis'pjaʧe]
Keine Ursache.	**Prego.** [prego]

ich	**io** [io]
du	**tu** [tu]
er	**lui** [lui]
sie	**lei** ['lei]
sie (Pl, Mask.)	**loro** [loro]
sie (Pl, Fem.)	**loro** [loro]
wir	**noi** [noi]
ihr	**voi** [voi]
Sie	**Lei** ['lei]

EINGANG	**ENTRATA** [en'trata]
AUSGANG	**USCITA** [u'ʃita]
AUßER BETRIEB	**FUORI SERVIZIO** [fu'ori ser'vitsio]
GESCHLOSSEN	**CHIUSO** [kjuzo]

OFFEN	**APERTO** [a'perto]
FÜR DAMEN	**DONNE** [donne]
FÜR HERREN	**UOMINI** [u'omini]

KOMPAKTWÖRTERBUCH

Dieser Teil beinhaltet über
1.500 nützliche Wörter.
Das Wörterbuch beinhaltet
viele gastronomische Begriffe
und wird Ihnen hilfreich bei
der Bestellung von Essen in
einem Restaurant oder beim
Kauf von Lebensmitteln im
Lebensmittelgeschäft sein

T&P Books Publishing

INHALT WÖRTERBUCH

T&P Books Publishing

Zeit (f)	tempo (m)	['tempo]
Stunde (f)	ora (f)	['ora]
eine halbe Stunde	mezzora (f)	[med'dzora]
Minute (f)	minuto (m)	[mi'nuto]
Sekunde (f)	secondo (m)	[se'kondo]
heute	oggi	['odʒi]
morgen	domani	[do'mani]
gestern	ieri	['jeri]
Montag (m)	lunedì (m)	[lune'di]
Dienstag (m)	martedì (m)	[marte'di]
Mittwoch (m)	mercoledì (m)	[merkole'di]
Donnerstag (m)	giovedì (m)	[dʒove'di]
Freitag (m)	venerdì (m)	[vener'di]
Samstag (m)	sabato (m)	['sabato]
Sonntag (m)	domenica (f)	[do'menika]
Tag (m)	giorno (m)	['dʒorno]
Arbeitstag (m)	giorno (m) lavorativo	['dʒorno lavora'tivo]
Feiertag (m)	giorno (m) festivo	['dʒorno fes'tivo]
Wochenende (n)	fine (m) settimana	['fine setti'mana]
Woche (f)	settimana (f)	[setti'mana]
letzte Woche	la settimana scorsa	[la setti'mana 'skorsa]
nächste Woche	la settimana prossima	[la setti'mana 'prossima]
Sonnenaufgang (m)	levata (f) del sole	[le'vata del 'sole]
Sonnenuntergang (m)	tramonto (m)	[tra'monto]
morgens	di mattina	[di mat'tina]
nachmittags	nel pomeriggio	[nel pome'ridʒo]
abends	di sera	[di 'sera]
heute Abend	stasera	[sta'sera]
nachts	di notte	[di 'notte]
Mitternacht (f)	mezzanotte (f)	[meddza'notte]
Januar (m)	gennaio (m)	[dʒen'najo]
Februar (m)	febbraio (m)	[feb'brajo]
März (m)	marzo (m)	['martso]
April (m)	aprile (m)	[a'prile]
Mai (m)	maggio (m)	['madʒo]
Juni (m)	giugno (m)	['dʒuɲo]
Juli (m)	luglio (m)	['luʎʎo]
August (m)	agosto (m)	[a'gosto]

September (m)	settembre (m)	[set'tembre]
Oktober (m)	ottobre (m)	[ot'tobre]
November (m)	novembre (m)	[no'vembre]
Dezember (m)	dicembre (m)	[di'tʃembre]

im Frühling	in primavera	[in prima'vera]
im Sommer	in estate	[in e'state]
im Herbst	in autunno	[in au'tunno]
im Winter	in inverno	[in in'verno]

Monat (m)	mese (m)	['meze]
Saison (f)	stagione (f)	[sta'dʒone]
Jahr (n)	anno (m)	['anno]
Jahrhundert (n)	secolo (m)	['sekolo]

2. Zahlen. Zahlwörter

Ziffer (f)	cifra (f)	['tʃifra]
Zahl (f)	numero (m)	['numero]
Minus (n)	meno (m)	['meno]
Plus (n)	più (m)	['pju]
Summe (f)	somma (f)	['somma]

der erste	primo	['primo]
der zweite	secondo	[se'kondo]
der dritte	terzo	['tertso]

null	zero (m)	['dzero]
eins	uno	['uno]
zwei	due	['due]
drei	tre	['tre]
vier	quattro	['kwattro]

fünf	cinque	['tʃinkwe]
sechs	sei	['sej]
sieben	sette	['sette]
acht	otto	['otto]
neun	nove	['nove]
zehn	dieci	['djetʃi]

elf	undici	['unditʃi]
zwölf	dodici	['doditʃi]
dreizehn	tredici	['treditʃi]
vierzehn	quattordici	[kwat'torditʃi]
fünfzehn	quindici	['kwinditʃi]

sechzehn	sedici	['seditʃi]
siebzehn	diciassette	[ditʃas'sette]
achtzehn	diciotto	[di'tʃotto]
neunzehn	diciannove	[ditʃan'nove]

zwanzig	venti	['venti]
dreißig	trenta	['trenta]
vierzig	quaranta	[kwa'ranta]
fünfzig	cinquanta	[tʃin'kwanta]

sechzig	sessanta	[ses'santa]
siebzig	settanta	[set'tanta]
achtzig	ottanta	[ot'tanta]
neunzig	novanta	[no'vanta]
einhundert	cento	['tʃento]
zweihundert	duecento	[due'tʃento]
dreihundert	trecento	[tre'tʃento]
vierhundert	quattrocento	[kwattro'tʃento]
fünfhundert	cinquecento	[tʃinkwe'tʃento]

sechshundert	seicento	[sej'tʃento]
siebenhundert	settecento	[sette'tʃento]
achthundert	ottocento	[otto'tʃento]
neunhundert	novecento	[nove'tʃento]
eintausend	mille	['mille]

zehntausend	diecimila	['djetʃi 'mila]
hunderttausend	centomila	[tʃento'mila]
Million (f)	milione (m)	[mi'ljone]
Milliarde (f)	miliardo (m)	[mi'ljardo]

3. Menschen. Familie

Mann (m)	uomo (m)	[u'omo]
Junge (m)	giovane (m)	['dʒovane]
Teenager (m)	adolescente (m, f)	[adole'ʃente]
Frau (f)	donna (f)	['donna]
Mädchen (n)	ragazza (f)	[ra'gattsa]

Alter (n)	età (f)	[e'ta]
Erwachsene (m)	adulto (m)	[a'dulto]
in mittleren Jahren	di mezza età	[di 'meddza e'ta]
älterer (Adj)	anziano	[an'tsjano]
alt (Adj)	vecchio	['vekkio]

Greis (m)	vecchio (m)	['vekkio]
alte Frau (f)	vecchia (f)	['vekkia]
Ruhestand (m)	pensionamento (m)	[pensjona'mento]
in Rente gehen	andare in pensione	[an'dare in pen'sjone]
Rentner (m)	pensionato (m)	[pensjo'nato]

Mutter (f)	madre (f)	['madre]
Vater (m)	padre (m)	['padre]
Sohn (m)	figlio (m)	['fiʎʎo]
Tochter (f)	figlia (f)	['fiʎʎa]

Bruder (m)	**fratello** (m)	[fra'tello]
Schwester (f)	**sorella** (f)	[so'rella]
Eltern (pl)	**genitori** (m pl)	[ʤeni'tori]
Kind (n)	**bambino** (m)	[bam'bino]
Kinder (pl)	**bambini** (m pl)	[bam'bini]
Stiefmutter (f)	**matrigna** (f)	[ma'triɲa]
Stiefvater (m)	**patrigno** (m)	[pa'triɲo]
Großmutter (f)	**nonna** (f)	['nonna]
Großvater (m)	**nonno** (m)	['nonno]
Enkel (m)	**nipote** (m)	[ni'pote]
Enkelin (f)	**nipote** (f)	[ni'pote]
Enkelkinder (pl)	**nipoti** (pl)	[ni'poti]
Onkel (m)	**zio** (m)	['tsio]
Tante (f)	**zia** (f)	['tsia]
Neffe (m)	**nipote** (m)	[ni'pote]
Nichte (f)	**nipote** (f)	[ni'pote]
Frau (f)	**moglie** (f)	['moʎʎe]
Mann (m)	**marito** (m)	[ma'rito]
verheiratet (Ehemann)	**sposato**	[spo'zato]
verheiratet (Ehefrau)	**sposata**	[spo'zata]
Witwe (f)	**vedova** (f)	['vedova]
Witwer (m)	**vedovo** (m)	['vedovo]
Vorname (m)	**nome** (m)	['nome]
Name (m)	**cognome** (m)	[ko'ɲome]
Verwandte (m)	**parente** (m)	[pa'rente]
Freund (m)	**amico** (m)	[a'miko]
Freundschaft (f)	**amicizia** (f)	[ami'ʧitsia]
Partner (m)	**partner** (m)	['partner]
Vorgesetzte (m)	**capo** (m), **superiore** (m)	['kapo], [supe'rjore]
Kollege (m), Kollegin (f)	**collega** (m)	[kol'lega]
Nachbarn (pl)	**vicini** (m pl)	[vi'ʧini]

4. Menschlicher Körper. Anatomie

Organismus (m)	**organismo** (m)	[orga'nizmo]
Körper (m)	**corpo** (m)	['korpo]
Herz (n)	**cuore** (m)	[ku'ore]
Blut (n)	**sangue** (m)	['sangue]
Gehirn (n)	**cervello** (m)	[ʧer'vello]
Nerv (m)	**nervo** (m)	['nervo]
Knochen (m)	**osso** (m)	['osso]
Skelett (n)	**scheletro** (m)	['skeletro]

Wirbelsäule (f)	colonna (f) vertebrale	[ko'lonna verte'brale]
Rippe (f)	costola (f)	['kostola]
Schädel (m)	cranio (m)	['kranio]
Muskel (m)	muscolo (m)	['muskolo]
Lungen (pl)	polmoni (m pl)	[pol'moni]
Haut (f)	pelle (f)	['pelle]
Kopf (m)	testa (f)	['testa]
Gesicht (n)	viso (m)	['vizo]
Nase (f)	naso (m)	['nazo]
Stirn (f)	fronte (f)	['fronte]
Wange (f)	guancia (f)	['gwantʃa]
Mund (m)	bocca (f)	['bokka]
Zunge (f)	lingua (f)	['lingua]
Zahn (m)	dente (m)	['dente]
Lippen (pl)	labbra (f pl)	['labbra]
Kinn (n)	mento (m)	['mento]
Ohr (n)	orecchio (m)	[o'rekkio]
Hals (m)	collo (m)	['kollo]
Kehle (f)	gola (f)	['gola]
Auge (n)	occhio (m)	['okkio]
Pupille (f)	pupilla (f)	[pu'pilla]
Augenbraue (f)	sopracciglio (m)	[sopra'tʃiʎʎo]
Wimper (f)	ciglio (m)	['tʃiʎʎo]
Haare (pl)	capelli (m pl)	[ka'pelli]
Frisur (f)	pettinatura (f)	[pettina'tura]
Schnurrbart (m)	baffi (m pl)	['baffi]
Bart (m)	barba (f)	['barba]
haben (einen Bart ~)	portare (vt)	[por'tare]
kahl	calvo	['kalvo]
Hand (f)	mano (f)	['mano]
Arm (m)	braccio (m)	['bratʃo]
Finger (m)	dito (m)	['dito]
Nagel (m)	unghia (f)	['ungia]
Handfläche (f)	palmo (m)	['palmo]
Schulter (f)	spalla (f)	['spalla]
Bein (n)	gamba (f)	['gamba]
Fuß (m)	pianta (f) del piede	['pjanta del 'pjede]
Knie (n)	ginocchio (m)	[dʒi'nokkio]
Ferse (f)	tallone (m)	[tal'lone]
Rücken (m)	schiena (f)	['skjena]
Taille (f)	vita (f)	['vita]
Leberfleck (m)	neo (m)	['neo]
Muttermal (n)	voglia (f)	['voʎʎa]

5. Medizin. Krankheiten. Medikamente

Gesundheit (f)	salute (f)	[sa'lute]
gesund (Adj)	sano	['sano]
Krankheit (f)	malattia (f)	[malat'tia]
krank sein	essere malato	['essere ma'lato]
krank (Adj)	malato	[ma'lato]
Erkältung (f)	raffreddore (m)	[raffred'dore]
sich erkälten	raffreddarsi (vr)	[raffred'darsi]
Angina (f)	tonsillite (f)	[tonsil'lite]
Lungenentzündung (f)	polmonite (f)	[polmo'nite]
Grippe (f)	influenza (f)	[influ'entsa]
Schnupfen (m)	raffreddore (m)	[raffred'dore]
Husten (m)	tosse (f)	['tosse]
husten (vi)	tossire (vi)	[tos'sire]
niesen (vi)	starnutire (vi)	[starnu'tire]
Schlaganfall (m)	ictus (m) cerebrale	['iktus ʧere'brale]
Infarkt (m)	attacco (m) di cuore	[at'tako di ku'ore]
Allergie (f)	allergia (f)	[aller'dʒia]
Asthma (n)	asma (f)	['azma]
Diabetes (m)	diabete (m)	[dia'bete]
Tumor (m)	tumore (m)	[tu'more]
Krebs (m)	cancro (m)	['kankro]
Alkoholismus (m)	alcolismo (m)	[alko'lizmo]
AIDS	AIDS (m)	['aids]
Fieber (n)	febbre (f)	['febbre]
Seekrankheit (f)	mal (m) di mare	[mal di 'mare]
blauer Fleck (m)	livido (m)	['livido]
Beule (f)	bernoccolo (m)	[ber'nokkolo]
hinken (vi)	zoppicare (vi)	[dzoppi'kare]
Verrenkung (f)	slogatura (f)	[zloga'tura]
ausrenken (vt)	slogarsi (vr)	[zlo'garsi]
Fraktur (f)	frattura (f)	[frat'tura]
Verbrennung (f)	scottatura (f)	[skotta'tura]
Verletzung (f)	ferita (f)	[fe'rita]
Schmerz (m)	dolore (m), male (m)	[do'lore], ['male]
Zahnschmerz (m)	mal (m) di denti	[mal di 'denti]
schwitzen (vi)	sudare (vi)	[su'dare]
taub	sordo	['sordo]
stumm	muto	['muto]
Immunität (f)	immunità (f)	[immuni'ta]
Virus (m, n)	virus (m)	['virus]
Mikrobe (f)	microbo (m)	['mikrobo]

| Bakterie (f) | batterio (m) | [bat'terio] |
| Infektion (f) | infezione (f) | [infe'tsjone] |

Krankenhaus (n)	ospedale (m)	[ospe'dale]
Heilung (f)	cura (f)	['kura]
impfen (vt)	vaccinare (vt)	[vatʃi'nare]
im Koma liegen	essere in coma	['essere in 'koma]
Reanimation (f)	rianimazione (f)	[rianima'tsjone]
Symptom (n)	sintomo (m)	['sintomo]
Puls (m)	polso (m)	['polso]

6. Empfindungen. Gefühle. Unterhaltung

ich	io	['io]
du	tu	['tu]
er	lui	['luj]
sie	lei	['lej]

wir	noi	['noj]
ihr	voi	['voi]
sie	loro, essi	['loro], ['essi]

Hallo! (ugs.)	Buongiorno!	[buon'dʒorno]
Hallo! (Amtsspr.)	Salve!	['salve]
Guten Morgen!	Buongiorno!	[buon'dʒorno]
Guten Tag!	Buon pomeriggio!	[bu'on pome'ridʒo]
Guten Abend!	Buonasera!	[buona'sera]

grüßen (vi, vt)	salutare (vt)	[salu'tare]
begrüßen (vt)	salutare (vt)	[salu'tare]
Wie geht's?	Come va?	['kome 'va]
Auf Wiedersehen!	Arrivederci!	[arrive'dertʃi]
Danke!	Grazie!	['gratsie]

Gefühle (pl)	sentimenti (m pl)	[senti'menti]
hungrig sein	avere fame	[a'vere 'fame]
Durst haben	avere sete	[a'vere 'sete]
müde	stanco	['stanko]

sorgen (vi)	essere preoccupato	['essere preokku'pato]
nervös sein	essere nervoso	['essere ner'vozo]
Hoffnung (f)	speranza (f)	[spe'rantsa]
hoffen (vi)	sperare (vi, vt)	[spe'rare]

Charakter (m)	carattere (m)	[ka'rattere]
bescheiden	modesto	[mo'desto]
faul	pigro	['pigro]
freigebig	generoso	[dʒene'rozo]
talentiert	di talento	[di ta'lento]
ehrlich	onesto	[o'nesto]

ernst	serio	['serio]
schüchtern	timido	['timido]
aufrichtig (Adj)	sincero	[sin'tʃero]
Feigling (m)	codardo (m)	[ko'dardo]

schlafen (vi)	dormire (vi)	[dor'mire]
Traum (m)	sogno (m)	['soɲo]
Bett (n)	letto (m)	['letto]
Kissen (n)	cuscino (m)	[ku'ʃino]

Schlaflosigkeit (f)	insonnia (f)	[in'sonnia]
schlafen gehen	andare a letto	[an'dare a 'letto]
Alptraum (m)	incubo (m)	['inkubo]
Wecker (m)	sveglia (f)	['zveʎʎa]

Lächeln (n)	sorriso (m)	[sor'rizo]
lächeln (vi)	sorridere (vi)	[sor'ridere]
lachen (vi)	ridere (vi)	['ridere]

Zank (m)	litigio (m)	[li'tidʒo]
Kränkung (f)	insulto (m)	[in'sulto]
Beleidigung (f)	offesa (f)	[of'feza]
verärgert	arrabbiato	[arrab'bjato]

7. Kleidung. Persönliche Accessoires

Kleidung (f)	vestiti (m pl)	[ve'stiti]
Mantel (m)	cappotto (m)	[kap'potto]
Pelzmantel (m)	pelliccia (f)	[pel'litʃa]
Jacke (z.B. Lederjacke)	giubbotto (m), giaccha (f)	[dʒub'botto], ['dʒakka]
Regenmantel (m)	impermeabile (m)	[imperme'abile]
Hemd (n)	camicia (f)	[ka'mitʃa]
Hose (f)	pantaloni (m pl)	[panta'loni]
Jackett (n)	giacca (f)	['dʒakka]
Anzug (m)	abito (m) da uomo	['abito da u'omo]

Damenkleid (n)	abito (m)	['abito]
Rock (m)	gonna (f)	['gonna]
T-Shirt (n)	maglietta (f)	[maʎ'ʎetta]
Bademantel (m)	accappatoio (m)	[akkappa'tojo]
Schlafanzug (m)	pigiama (m)	[pi'dʒama]
Arbeitskleidung (f)	tuta (f) da lavoro	['tuta da la'voro]

Unterwäsche (f)	intimo (m)	['intimo]
Socken (pl)	calzini (m pl)	[kal'tsini]
Büstenhalter (m)	reggiseno (m)	[redʒi'seno]
Strumpfhose (f)	collant (m)	[kol'lant]
Strümpfe (pl)	calze (f pl)	['kaltse]
Badeanzug (m)	costume (m) da bagno	[ko'stume da 'baɲo]
Mütze (f)	cappello (m)	[kap'pello]

Schuhe (pl)	calzature (f pl)	[kaltsa'ture]
Stiefel (pl)	stivali (m pl)	[sti'vali]
Absatz (m)	tacco (m)	['takko]
Schnürsenkel (m)	laccio (m)	['latʃo]
Schuhcreme (f)	lucido (m) per le scarpe	['lutʃido per le 'skarpe]
Baumwolle (f)	cotone (m)	[ko'tone]
Wolle (f)	lana (f)	['lana]
Pelz (m)	pelliccia (f)	[pel'litʃa]
Handschuhe (pl)	guanti (m pl)	['gwanti]
Fausthandschuhe (pl)	manopole (f pl)	[ma'nopole]
Schal (Kaschmir-)	sciarpa (f)	['ʃarpa]
Brille (f)	occhiali (m pl)	[ok'kjali]
Regenschirm (m)	ombrello (m)	[om'brello]
Krawatte (f)	cravatta (f)	[kra'vatta]
Taschentuch (n)	fazzoletto (m)	[fattso'letto]
Kamm (m)	pettine (m)	['pettine]
Haarbürste (f)	spazzola (f) per capelli	['spattsola per ka'pelli]
Schnalle (f)	fibbia (f)	['fibbia]
Gürtel (m)	cintura (f)	[tʃin'tura]
Handtasche (f)	borsetta (f)	[bor'setta]
Kragen (m)	collo (m)	['kollo]
Tasche (f)	tasca (f)	['taska]
Ärmel (m)	manica (f)	['manika]
Hosenschlitz (m)	patta (f)	['patta]
Reißverschluss (m)	cerniera (f) lampo	[tʃer'njera 'lampo]
Knopf (m)	bottone (m)	[bot'tone]
sich beschmutzen	sporcarsi (vr)	[spor'karsi]
Fleck (m)	macchia (f)	['makkia]

8. Stadt. Innerstädtische Einrichtungen

Laden (m)	negozio (m)	[ne'gotsio]
Einkaufszentrum (n)	centro (m) commerciale	['tʃentro kommer'tʃale]
Supermarkt (m)	supermercato (m)	[supermer'kato]
Schuhgeschäft (n)	negozio (m) di scarpe	[ne'gotsio di 'skarpe]
Buchhandlung (f)	libreria (f)	[libre'ria]
Apotheke (f)	farmacia (f)	[farma'tʃia]
Bäckerei (f)	panetteria (f)	[panette'ria]
Konditorei (f)	pasticceria (f)	[pastitʃe'ria]
Lebensmittelladen (m)	drogheria (f)	[droge'ria]
Metzgerei (f)	macelleria (f)	[matʃelle'ria]
Gemüseladen (m)	fruttivendolo (m)	[frutti'vendolo]
Markt (m)	mercato (m)	[mer'kato]
Friseursalon (m)	salone (m) di parrucchiere	[sa'lone di parruk'kjere]

Post (f)	ufficio (m) postale	[uf'fitʃo po'stale]
chemische Reinigung (f)	lavanderia (f) a secco	[lavande'ria a 'sekko]
Zirkus (m)	circo (m)	['tʃirko]
Zoo (m)	zoo (m)	['dzoo]
Theater (n)	teatro (m)	[te'atro]
Kino (n)	cinema (m)	['tʃinema]
Museum (n)	museo (m)	[mu'zeo]
Bibliothek (f)	biblioteca (f)	[biblio'teka]

Moschee (f)	moschea (f)	[mos'kea]
Synagoge (f)	sinagoga (f)	[sina'goga]
Kathedrale (f)	cattedrale (f)	[katte'drale]
Tempel (m)	tempio (m)	['tempjo]
Kirche (f)	chiesa (f)	['kjeza]

Institut (n)	istituto (m)	[isti'tuto]
Universität (f)	università (f)	[universi'ta]
Schule (f)	scuola (f)	['skwola]

Hotel (n)	albergo (m)	[al'bergo]
Bank (f)	banca (f)	['banka]
Botschaft (f)	ambasciata (f)	[amba'ʃata]
Reisebüro (n)	agenzia (f) di viaggi	[adʒen'tsia di 'vjadʒi]

U-Bahn (f)	metropolitana (f)	[metropoli'tana]
Krankenhaus (n)	ospedale (m)	[ospe'dale]
Tankstelle (f)	distributore (m) di benzina	[distribu'tore di ben'dzina]
Parkplatz (m)	parcheggio (m)	[par'kedʒo]

EINGANG	ENTRATA	[en'trata]
AUSGANG	USCITA	[u'ʃita]
DRÜCKEN	SPINGERE	['spindʒere]
ZIEHEN	TIRARE	[ti'rare]
GEÖFFNET	APERTO	[a'perto]
GESCHLOSSEN	CHIUSO	['kjuzo]

Denkmal (n)	monumento (m)	[monu'mento]
Festung (f)	fortezza (f)	[for'tettsa]
Palast (m)	palazzo (m)	[pa'lattso]

mittelalterlich	medievale	[medje'vale]
alt (antik)	antico	[an'tiko]
national	nazionale	[natsio'nale]
berühmt	famoso	[fa'mozo]

9. Geld. Finanzen

| Geld (n) | soldi (m pl) | ['soldi] |
| Münze (f) | moneta (f) | [mo'neta] |

Dollar (m)	**dollaro** (m)	['dollaro]
Euro (m)	**euro** (m)	['euro]

Geldautomat (m)	**bancomat** (m)	['bankomat]
Wechselstube (f)	**ufficio** (m) **dei cambi**	[uf'fitʃo dei 'kambi]
Kurs (m)	**corso** (m) **di cambio**	['korso di 'kambio]
Bargeld (n)	**contanti** (m pl)	[kon'tanti]
Wie viel?	**Quanto?**	['kwanto]
zahlen (vt)	**pagare** (vi, vt)	[pa'gare]
Lohn (m)	**pagamento** (m)	[paga'mento]
Wechselgeld (n)	**resto** (m)	['resto]

Preis (m)	**prezzo** (m)	['prettso]
Rabatt (m)	**sconto** (m)	['skonto]
billig	**a buon mercato**	[a bu'on mer'kato]
teuer	**caro**	['karo]

Bank (f)	**banca** (f)	['banka]
Konto (n)	**conto** (m)	['konto]
Kreditkarte (f)	**carta** (f) **di credito**	['karta di 'kredito]
Scheck (m)	**assegno** (m)	[as'seɲo]
einen Scheck schreiben	**emettere un assegno**	[e'mettere un as'seɲo]
Scheckbuch (n)	**libretto** (m) **di assegni**	[li'bretto di as'seɲi]

Schulden (pl)	**debito** (m)	['debito]
Schuldner (m)	**debitore** (m)	[debi'tore]
leihen (vt)	**prestare** (vt)	[pre'stare]
leihen, borgen (Geld usw.)	**prendere in prestito**	['prendere in 'prestito]

leihen, mieten (ein Auto usw.)	**noleggiare** (vt)	[nole'dʒare]
auf Kredit	**a credito**	[a 'kredito]
Geldtasche (f)	**portafoglio** (m)	[porta·'foʎʎo]
Safe (m)	**cassaforte** (f)	[kassa'forte]
Erbschaft (f)	**eredità** (f)	[eredi'ta]
Vermögen (n)	**fortuna** (f)	[for'tuna]

Steuer (f)	**imposta** (f)	[im'posta]
Geldstrafe (f)	**multa** (f), **ammenda** (f)	['multa], [am'menda]
bestrafen (vt)	**multare** (vt)	[mul'tare]

Großhandels-	**all'ingrosso**	[all in'grosso]
Einzelhandels-	**al dettaglio**	[al det'taʎʎo]
versichern (vt)	**assicurare** (vt)	[assiku'rare]
Versicherung (f)	**assicurazione** (f)	[assikura'tsjone]

Kapital (n)	**capitale** (m)	[kapi'tale]
Umsatz (m)	**giro** (m) **di affari**	['dʒiro di af'fari]
Aktie (f)	**azione** (f)	[a'tsjone]
Gewinn (m)	**profitto** (m)	[pro'fitto]
gewinnbringend	**redditizio**	[redi'titsio]
Krise (f)	**crisi** (f)	['krizi]

| Bankrott (m) | bancarotta (f) | [banka'rotta] |
| Bankrott machen | fallire (vi) | [fal'lire] |

Buchhalter (m)	contabile (m)	[kon'tabile]
Lohn (m)	stipendio (m)	[sti'pendio]
Prämie (f)	premio (m)	['premio]

10. Transport

Bus (m)	autobus (m)	['autobus]
Straßenbahn (f)	tram (m)	[tram]
Obus (m)	filobus (m)	['filobus]

mit ... fahren	andare in ...	[an'dare in]
einsteigen (vi)	salire su ...	[sa'lire su]
aussteigen (aus dem Bus)	scendere da ...	['ʃendere da]

Haltestelle (f)	fermata (f)	[fer'mata]
Endhaltestelle (f)	capolinea (m)	[kapo'linea]
Fahrplan (m)	orario (m)	[o'rario]
Fahrkarte (f)	biglietto (m)	[biʎ'ʎetto]
sich verspäten	essere in ritardo	['essere in ri'tardo]

Taxi (n)	taxi (m)	['taksi]
mit dem Taxi	in taxi	[in 'taksi]
Taxistand (m)	parcheggio (m) di taxi	[par'kedʒo di 'taksi]

Straßenverkehr (m)	traffico (m)	['traffiko]
Hauptverkehrszeit (f)	ore (f pl) di punta	['ore di 'punta]
parken (vi)	parcheggiarsi (vr)	[parke'dʒarsi]

U-Bahn (f)	metropolitana (f)	[metropoli'tana]
Station (f)	stazione (f)	[sta'tsjone]
Zug (m)	treno (m)	['treno]
Bahnhof (m)	stazione (f) ferroviaria	[sta'tsjone ferro'vjaria]
Schienen (pl)	rotaie (f pl)	[ro'taje]
Abteil (n)	scompartimento (m)	[skomparti'mento]
Liegeplatz (m), Schlafkoje (f)	cuccetta (f)	[ku'tʃetta]

Flugzeug (n)	aereo (m)	[a'ereo]
Flugticket (n)	biglietto (m) aereo	[biʎ'ʎetto a'ereo]
Fluggesellschaft (f)	compagnia (f) aerea	[kompa'ɲia a'erea]
Flughafen (m)	aeroporto (m)	[aero'porto]

Flug (m)	volo (m)	['volo]
Gepäck (n)	bagaglio (m)	[ba'gaʎʎo]
Kofferkuli (m)	carrello (m)	[kar'rello]

| Schiff (n) | nave (f) | ['nave] |
| Kreuzfahrtschiff (n) | transatlantico (m) | [transat'lantiko] |

Jacht (f)	**yacht** (m)	[jot]
Boot (n)	**barca** (f)	['barka]
Kapitän (m)	**capitano** (m)	[kapi'tano]
Kajüte (f)	**cabina** (f)	[ka'bina]
Hafen (m)	**porto** (m)	['porto]
Fahrrad (n)	**bicicletta** (f)	[bitʃi'kletta]
Motorroller (m)	**motorino** (m)	[moto'rino]
Motorrad (n)	**motocicletta** (f)	[mototʃi'kletta]
Pedal (n)	**pedale** (m)	[pe'dale]
Pumpe (f)	**pompa** (f)	['pompa]
Rad (n)	**ruota** (f)	[ru'ota]
Auto (n)	**automobile** (f)	[auto'mobile]
Krankenwagen (m)	**ambulanza** (f)	[ambu'lantsa]
Lastkraftwagen (m)	**camion** (m)	['kamjon]
gebraucht	**di seconda mano**	[di se'konda 'mano]
Unfall (m)	**incidente** (m)	[intʃi'dente]
Reparatur (f)	**riparazione** (f)	[ripara'tsjone]

11. Essen. Teil 1

Fleisch (n)	**carne** (f)	['karne]
Hühnerfleisch (n)	**pollo** (m)	['pollo]
Ente (f)	**anatra** (f)	['anatra]
Schweinefleisch (n)	**maiale** (m)	[ma'jale]
Kalbfleisch (n)	**vitello** (m)	[vi'tello]
Hammelfleisch (n)	**agnello** (m)	[a'ɲello]
Rindfleisch (n)	**manzo** (m)	['mandzo]
Wurst (f)	**salame** (m)	[sa'lame]
Ei (n)	**uovo** (m)	[u'ovo]
Fisch (m)	**pesce** (m)	['peʃe]
Käse (m)	**formaggio** (m)	[for'madʒo]
Zucker (m)	**zucchero** (m)	['dzukkero]
Salz (n)	**sale** (m)	['sale]
Reis (m)	**riso** (m)	['rizo]
Teigwaren (pl)	**pasta** (f)	['pasta]
Butter (f)	**burro** (m)	['burro]
Pflanzenöl (n)	**olio vegetale**	['oljo vedʒe'tale]
Brot (n)	**pane** (m)	['pane]
Schokolade (f)	**cioccolato** (m)	[tʃokko'lato]
Wein (m)	**vino** (m)	['vino]
Kaffee (m)	**caffè** (m)	[kaf'fe]
Milch (f)	**latte** (m)	['latte]
Saft (m)	**succo** (m)	['sukko]

| Bier (n) | birra (f) | ['birra] |
| Tee (m) | tè (m) | [te] |

Tomate (f)	pomodoro (m)	[pomo'doro]
Gurke (f)	cetriolo (m)	[ʧetri'olo]
Karotte (f)	carota (f)	[ka'rota]
Kartoffel (f)	patata (f)	[pa'tata]
Zwiebel (f)	cipolla (f)	[ʧi'polla]
Knoblauch (m)	aglio (m)	['aʎʎo]

Kohl (m)	cavolo (m)	['kavolo]
Rote Bete (f)	barbabietola (f)	[barba'bjetola]
Aubergine (f)	melanzana (f)	[melan'tsana]
Dill (m)	aneto (m)	[a'neto]
Kopf Salat (m)	lattuga (f)	[lat'tuga]
Mais (m)	mais (m)	['mais]

Frucht (f)	frutto (m)	['frutto]
Apfel (m)	mela (f)	['mela]
Birne (f)	pera (f)	['pera]
Zitrone (f)	limone (m)	[li'mone]
Apfelsine (f)	arancia (f)	[a'ranʧa]
Erdbeere (f)	fragola (f)	['fragola]

Pflaume (f)	prugna (f)	['pruɲa]
Himbeere (f)	lampone (m)	[lam'pone]
Ananas (f)	ananas (m)	[ana'nas]
Banane (f)	banana (f)	[ba'nana]
Wassermelone (f)	anguria (f)	[an'guria]
Weintrauben (pl)	uva (f)	['uva]
Melone (f)	melone (m)	[me'lone]

12. Essen. Teil 2

Küche (f)	cucina (f)	[ku'ʧina]
Rezept (n)	ricetta (f)	[ri'ʧetta]
Essen (n)	cibo (m)	['ʧibo]

frühstücken (vi)	fare colazione	['fare kola'tsjone]
zu Mittag essen	pranzare (vi)	[pran'tsare]
zu Abend essen	cenare (vi)	[ʧe'nare]

Geschmack (m)	gusto (m)	['gusto]
lecker	buono, gustoso	[bu'ono], [gu'stozo]
kalt	freddo	['freddo]
heiß	caldo	['kaldo]
süß	dolce	['dolʧe]
salzig	salato	[sa'lato]
belegtes Brot (n)	panino (m)	[pa'nino]
Beilage (f)	contorno (m)	[kon'torno]

Füllung (f)	ripieno (m)	[ri'pjeno]
Soße (f)	salsa (f)	['salsa]
Stück (ein ~ Kuchen)	pezzo (m)	['pettso]

Diät (f)	dieta (f)	[di'eta]
Vitamin (n)	vitamina (f)	[vita'mina]
Kalorie (f)	caloria (f)	[kalo'ria]
Vegetarier (m)	vegetariano (m)	[vedʒeta'rjano]

Restaurant (n)	ristorante (m)	[risto'rante]
Kaffeehaus (n)	caffè (m)	[kaf'fe]
Appetit (m)	appetito (m)	[appe'tito]
Guten Appetit!	Buon appetito!	[bu'on appe'tito]

Kellner (m)	cameriere (m)	[kame'rjere]
Kellnerin (f)	cameriera (f)	[kame'rjera]
Barmixer (m)	barista (m)	[ba'rista]
Speisekarte (f)	menù (m)	[me'nu]

Löffel (m)	cucchiaio (m)	[kuk'kjajo]
Messer (n)	coltello (m)	[kol'tello]
Gabel (f)	forchetta (f)	[for'ketta]
Tasse (eine ~ Tee)	tazza (f)	['tattsa]

Teller (m)	piatto (m)	['pjatto]
Untertasse (f)	piattino (m)	[pjat'tino]
Serviette (f)	tovagliolo (m)	[tovaʎ'ʎolo]
Zahnstocher (m)	stuzzicadenti (m)	[stuttsika'denti]

bestellen (vt)	ordinare (vt)	[ordi'nare]
Gericht (n)	piatto (m)	['pjatto]
Portion (f)	porzione (f)	[por'tsjone]
Vorspeise (f)	antipasto (m)	[anti'pasto]
Salat (m)	insalata (f)	[insa'lata]
Suppe (f)	minestra (f)	[mi'nestra]

Nachtisch (m)	dolce (m)	['doltʃe]
Konfitüre (f)	marmellata (f)	[marmel'lata]
Eis (n)	gelato (m)	[dʒe'lato]
Rechnung (f)	conto (m)	['konto]
Rechnung bezahlen	pagare il conto	[pa'gare il 'konto]
Trinkgeld (n)	mancia (f)	['mantʃa]

13. Haus. Wohnung. Teil 1

Haus (n)	casa (f)	['kaza]
Landhaus (n)	casa (f) di campagna	['kaza di kam'paɲa]
Villa (f)	villa (f)	['villa]
Stock (m)	piano (m)	['pjano]
Eingang (m)	entrata (f)	[en'trata]

Wand (f)	muro (m)	['muro]
Dach (n)	tetto (m)	['tetto]
Schlot (m)	ciminiera (f)	[tʃimi'njera]

Dachboden (m)	soffitta (f)	[sof'fitta]
Fenster (n)	finestra (f)	[fi'nestra]
Fensterbrett (n)	davanzale (m)	[davan'tsale]
Balkon (m)	balcone (m)	[bal'kone]

Treppe (f)	scala (f)	['skala]
Briefkasten (m)	cassetta (f) della posta	[kas'setta 'della 'posta]
Müllkasten (m)	secchio (m) della spazzatura	['sekkio 'della spattsa'tura]
Aufzug (m)	ascensore (m)	[aʃen'sore]

Elektrizität (f)	elettricità (f)	[elettritʃi'ta]
Glühbirne (f)	lampadina (f)	[lampa'dina]
Schalter (m)	interruttore (m)	[interrut'tore]
Steckdose (f)	presa (f) elettrica	['preza e'lettrika]
Sicherung (f)	fusibile (m)	[fu'zibile]

Tür (f)	porta (f)	['porta]
Griff (m)	maniglia (f)	[ma'niʎʎa]
Schlüssel (m)	chiave (f)	['kjave]
Fußmatte (f)	zerbino (m)	[dzer'bino]

Schloss (n)	serratura (f)	[serra'tura]
Türklingel (f)	campanello (m)	[kampa'nello]
Klopfen (n)	bussata (f)	[bus'sata]
anklopfen (vi)	bussare (vi)	[bus'sare]
Türspion (m)	spioncino (m)	[spion'tʃino]

Hof (m)	cortile (m)	[kor'tile]
Garten (m)	giardino (m)	[dʒar'dino]
Schwimmbad (n)	piscina (f)	[pi'ʃina]
Kraftraum (m)	palestra (f)	[pa'lestra]
Tennisplatz (m)	campo (m) da tennis	['kampo da 'tennis]
Garage (f)	garage (m)	[ga'raʒ]

Privateigentum (n)	proprietà (f) privata	[proprie'ta pri'vata]
Warnschild (n)	cartello (m) di avvertimento	['kartello di avverti'mento]
Bewachung (f)	sicurezza (f)	[siku'rettsa]
Wächter (m)	guardia (f) giurata	['gwardia dʒu'rata]

Renovierung (f)	lavori (m pl) di restauro	[la'vori di re'stauro]
renovieren (vt)	rinnovare (vt)	[rinno'vare]
in Ordnung bringen	mettere in ordine	['mettere in 'ordine]
streichen (vt)	pitturare (vt)	[pittu'rare]
Tapete (f)	carta (f) da parati	['karta da pa'rati]
lackieren (vt)	verniciare (vt)	[verni'tʃare]
Rohr (n)	tubo (m)	['tubo]

Werkzeuge (pl)	strumenti (m pl)	[stru'menti]
Keller (m)	seminterrato (m)	[seminter'rato]
Kanalisation (f)	fognatura (f)	[foɲa'tura]

14. Haus. Wohnung. Teil 2

Wohnung (f)	appartamento (m)	[apparta'mento]
Zimmer (n)	camera (f), stanza (f)	['kamera], ['stantsa]
Schlafzimmer (n)	camera (f) da letto	['kamera da 'letto]
Esszimmer (n)	sala (f) da pranzo	['sala da 'prantso]

Wohnzimmer (n)	salotto (m)	[sa'lotto]
Arbeitszimmer (n)	studio (m)	['studio]
Vorzimmer (n)	ingresso (m)	[in'gresso]
Badezimmer (n)	bagno (m)	['baɲo]
Toilette (f)	gabinetto (m)	[gabi'netto]

| Fußboden (m) | pavimento (m) | [pavi'mento] |
| Decke (f) | soffitto (m) | [sof'fitto] |

Staub abwischen	spolverare (vt)	[spolve'rare]
Staubsauger (m)	aspirapolvere (m)	[aspira·'polvere]
Staub saugen	passare l'aspirapolvere	[pas'sare laspira·'polvere]

Schrubber (m)	frettazzo (m)	[fret'tattso]
Lappen (m)	strofinaccio (m)	[strofi'natʃo]
Besen (m)	scopa (f)	['skopa]
Kehrichtschaufel (f)	paletta (f)	[pa'letta]
Möbel (n)	mobili (m pl)	['mobili]
Tisch (m)	tavolo (m)	['tavolo]
Stuhl (m)	sedia (f)	['sedia]
Sessel (m)	poltrona (f)	[pol'trona]

Bücherschrank (m)	libreria (f)	[libre'ria]
Regal (n)	ripiano (m)	[ri'pjano]
Schrank (m)	armadio (m)	[ar'madio]

Spiegel (m)	specchio (m)	['spekkio]
Teppich (m)	tappeto (m)	[tap'peto]
Kamin (m)	camino (m)	[ka'mino]
Vorhänge (pl)	tende (f pl)	['tende]
Tischlampe (f)	lampada (f) da tavolo	['lampada da 'tavolo]
Kronleuchter (m)	lampadario (m)	[lampa'dario]

Küche (f)	cucina (f)	[ku'tʃina]
Gasherd (m)	fornello (m) a gas	[for'nello a gas]
Elektroherd (m)	fornello (m) elettrico	[for'nello e'lettriko]
Mikrowellenherd (m)	forno (m) a microonde	['forno a mikro'onde]
Kühlschrank (m)	frigorifero (m)	[frigo'rifero]
Tiefkühltruhe (f)	congelatore (m)	[kondʒela'tore]

| Geschirrspülmaschine (f) | lavastoviglie (f) | [lavasto'viʎʎe] |
| Wasserhahn (m) | rubinetto (m) | [rubi'netto] |

Fleischwolf (m)	tritacarne (m)	[trita'karne]
Saftpresse (f)	spremifrutta (m)	[spremi'frutta]
Toaster (m)	tostapane (m)	[tosta'pane]
Mixer (m)	mixer (m)	['mikser]

Kaffeemaschine (f)	macchina (f) da caffè	['makkina da kaf'fe]
Wasserkessel (m)	bollitore (m)	[bolli'tore]
Teekanne (f)	teiera (f)	[te'jera]

Fernseher (m)	televisore (m)	[televi'zore]
Videorekorder (m)	videoregistratore (m)	[video·redʒistra'tore]
Bügeleisen (n)	ferro (m) da stiro	['ferro da 'stiro]
Telefon (n)	telefono (m)	[te'lefono]

15. Beschäftigung. Sozialstatus

Direktor (m)	direttore (m)	[diret'tore]
Vorgesetzte (m)	capo (m), superiore (m)	['kapo], [supe'rjore]
Präsident (m)	presidente (m)	[prezi'dente]
Helfer (m)	assistente (m)	[assi'stente]
Sekretär (m)	segretario (m)	[segre'tario]

Besitzer (m)	proprietario (m)	[proprie'tario]
Partner (m)	partner (m)	['partner]
Aktionär (m)	azionista (m)	[atsio'nista]

Geschäftsmann (m)	uomo (m) d'affari	[u'omo daf'fari]
Millionär (m)	milionario (m)	[miljo'nario]
Milliardär (m)	miliardario (m)	[miljar'dario]

Schauspieler (m)	attore (m)	[at'tore]
Architekt (m)	architetto (m)	[arki'tetto]
Bankier (m)	banchiere (m)	[baŋ'kjere]
Makler (m)	broker (m)	['broker]
Tierarzt (m)	veterinario (m)	[veteri'nario]
Arzt (m)	medico (m)	['mediko]
Zimmermädchen (n)	cameriera (f)	[kame'rjera]
Designer (m)	designer (m)	[di'zajner]
Korrespondent (m)	corrispondente (m)	[korrispon'dente]
Ausfahrer (m)	fattorino (m)	[fatto'rino]

Elektriker (m)	elettricista (m)	[elettri'ʧista]
Musiker (m)	musicista (m)	[muzi'ʧista]
Kinderfrau (f)	baby-sitter (f)	[bebi'siter]
Friseur (m)	parrucchiere (m)	[parruk'kjere]
Hirt (m)	pastore (m)	[pa'store]
Sänger (m)	cantante (m)	[kan'tante]

Übersetzer (m)	traduttore (m)	[tradut'tore]
Schriftsteller (m)	scrittore (m)	[skrit'tore]
Zimmermann (m)	falegname (m)	[fale'name]
Koch (m)	cuoco (m)	[ku'oko]

Feuerwehrmann (m)	pompiere (m)	[pom'pjere]
Polizist (m)	poliziotto (m)	[poli'tsjotto]
Briefträger (m)	postino (m)	[po'stino]
Programmierer (m)	programmatore (m)	[programma'tore]
Verkäufer (m)	commesso (m)	[kom'messo]

Arbeiter (m)	operaio (m)	[ope'rajo]
Gärtner (m)	giardiniere (m)	[dʒardi'njere]
Klempner (m)	idraulico (m)	[i'drauliko]
Zahnarzt (m)	dentista (m)	[den'tista]
Flugbegleiterin (f)	hostess (f)	['ostess]

Tänzer (m)	danzatore (m)	[dantsa'tore]
Leibwächter (m)	guardia (f) del corpo	['gwardia del 'korpo]
Wissenschaftler (m)	scienziato (m)	[ʃien'tsjato]
Lehrer (m)	insegnante (m, f)	[inse'nante]

Farmer (m)	fattore (m)	[fat'tore]
Chirurg (m)	chirurgo (m)	[ki'rurgo]
Bergarbeiter (m)	minatore (m)	[mina'tore]
Chefkoch (m)	capocuoco (m)	[kapo·ku'oko]
Fahrer (m)	autista (m)	[au'tista]

16. Sport

Sportart (f)	sport (m)	[sport]
Fußball (m)	calcio (m)	['kaltʃo]
Eishockey (n)	hockey (m)	['okkej]
Basketball (m)	pallacanestro (m)	[pallaka'nestro]
Baseball (m, n)	baseball (m)	['bejzbol]

Volleyball (m)	pallavolo (m)	[palla'volo]
Boxen (n)	pugilato (m)	[pudʒi'lato]
Ringen (n)	lotta (f)	['lotta]
Tennis (n)	tennis (m)	['tennis]
Schwimmen (n)	nuoto (m)	[nu'oto]

Schach (n)	scacchi (m pl)	['skakki]
Lauf (m)	corsa (f)	['korsa]
Leichtathletik (f)	atletica (f) leggera	[a'tletika le'dʒera]
Eiskunstlauf (m)	pattinaggio (m) artistico	[patti'nadʒo ar'tistiko]
Radfahren (n)	ciclismo (m)	[tʃik'lizmo]

| Billard (n) | biliardo (m) | [bi'ljardo] |
| Bodybuilding (n) | culturismo (m) | [kultu'rizmo] |

Golf (n)	**golf** (m)	[golf]
Tauchen (n)	**immersione** (f) **subacquea**	[immer'sjone su'bakvea]
Segelsport (m)	**vela** (f)	['vela]
Bogenschießen (n)	**tiro** (m) **con l'arco**	['tiro kon 'larko]
Halbzeit (f)	**tempo** (m)	['tempo]
Halbzeit (f), Pause (f)	**intervallo** (m)	[inter'vallo]
Unentschieden (n)	**pareggio** (m)	[pa'redʒo]
unentschieden spielen	**pareggiare** (vi)	[pare'dʒare]
Laufband (n)	**tapis roulant** (m)	[ta'pi ru'lan]
Spieler (m)	**giocatore** (m)	[dʒoka'tore]
Ersatzspieler (m)	**riserva** (f)	[ri'zerva]
Ersatzbank (f)	**panchina** (f)	[paŋ'kina]
Spiel (n)	**partita** (f)	[par'tita]
Tor (n)	**porta** (f)	['porta]
Torwart (m)	**portiere** (m)	[por'tjere]
Tor (n)	**gol** (m)	[gol]
Olympische Spiele (pl)	**Giochi** (m pl) **Olimpici**	['dʒoki o'limpitʃi]
einen Rekord aufstellen	**stabilire un record**	[stabi'lire un 'rekord]
Finale (n)	**finale** (m)	[fi'nale]
Meister (m)	**campione** (m)	[kam'pjone]
Meisterschaft (f)	**campionato** (m)	[kampjo'nato]
Sieger (m)	**vincitore** (m)	[vintʃi'tore]
Sieg (m)	**vittoria** (f)	[vit'toria]
gewinnen (Sieger sein)	**vincere** (vi)	['vintʃere]
verlieren (vt)	**perdere** (vt)	['perdere]
Medaille (f)	**medaglia** (f)	[me'daʎʎa]
der erste Platz	**primo posto** (m)	['primo 'posto]
der zweite Platz	**secondo posto** (m)	[se'kondo 'posto]
der dritte Platz	**terzo posto** (m)	['tertso 'posto]
Stadion (n)	**stadio** (m)	['stadio]
Fan (m)	**tifoso, fan** (m)	[ti'fozo], [fan]
Trainer (m)	**allenatore** (m)	[allena'tore]
Training (n)	**allenamento** (m)	[allena'mento]

17. Fremdsprachen. Orthografie

Sprache (f)	**lingua** (f)	['lingua]
studieren (z.B. Jura ~)	**studiare** (vt)	[stu'djare]
Aussprache (f)	**pronuncia** (f)	[pro'nuntʃa]
Akzent (m)	**accento** (m)	[a'tʃento]
Substantiv (n)	**sostantivo** (m)	[sostan'tivo]
Adjektiv (n)	**aggettivo** (m)	[adʒet'tivo]

| Verb (n) | verbo (m) | ['verbo] |
| Adverb (n) | avverbio (m) | [av'verbio] |

Pronomen (n)	pronome (m)	[pro'nome]
Interjektion (f)	interiezione (f)	[interje'tsjone]
Präposition (f)	preposizione (f)	[prepozi'tsjone]

Wurzel (f)	radice (f)	[ra'ditʃe]
Endung (f)	desinenza (f)	[dezi'nentsa]
Vorsilbe (f)	prefisso (m)	[pre'fisso]
Silbe (f)	sillaba (f)	['sillaba]
Suffix (n), Nachsilbe (f)	suffisso (m)	[suf'fisso]

Betonung (f)	accento (m)	[a'tʃento]
Punkt (m)	punto (m)	['punto]
Komma (n)	virgola (f)	['virgola]
Doppelpunkt (m)	due punti	['due 'punti]
Auslassungspunkte (pl)	puntini (m pl) di sospensione	[pun'tini di sospen'sjone]

Frage (f)	domanda (f)	[do'manda]
Fragezeichen (n)	punto (m) interrogativo	['punto interroga'tivo]
Ausrufezeichen (n)	punto (m) esclamativo	['punto esklama'tivo]

in Anführungszeichen	tra virgolette	[tra virgo'lette]
in Klammern	tra parentesi	[tra pa'rentezi]
Buchstabe (m)	lettera (f)	['lettera]
Großbuchstabe (m)	lettera (f) maiuscola	['lettera ma'juskola]

Satz (m)	proposizione (f)	[propozi'tsjone]
Wortverbindung (f)	gruppo (m) di parole	['gruppo di pa'role]
Redensart (f)	espressione (f)	[espres'sjone]

Subjekt (n)	soggetto (m)	[so'dʒetto]
Prädikat (n)	predicato (m)	[predi'kato]
Zeile (f)	riga (f)	['riga]
Absatz (m)	capoverso (m)	[kapo'verso]

Synonym (n)	sinonimo (m)	[si'nonimo]
Antonym (n)	antonimo (m)	[an'tonimo]
Ausnahme (f)	eccezione (f)	[etʃe'tsjone]
unterstreichen (vt)	sottolineare (vt)	[sottoline'are]

Regeln (pl)	regole (f pl)	['regole]
Grammatik (f)	grammatica (f)	[gram'matika]
Vokabular (n)	lessico (m)	['lessiko]
Phonetik (f)	fonetica (f)	[fo'netika]
Alphabet (n)	alfabeto (m)	[alfa'beto]

Lehrbuch (n)	manuale (m)	[manu'ale]
Wörterbuch (n)	dizionario (m)	[ditsjo'nario]
Sprachführer (m)	frasario (m)	[fra'zario]

Wort (n)	vocabolo (m)	[vo'kabolo]
Bedeutung (f)	significato (m)	[siɲifi'kato]
Gedächtnis (n)	memoria (f)	[me'moria]

18. Die Erde. Geografie

Erde (f)	la Terra	[la 'terra]
Erdkugel (f)	globo (m) terrestre	['globo ter'restre]
Planet (m)	pianeta (m)	[pja'neta]

Geographie (f)	geografia (f)	[dʒeogra'fia]
Natur (f)	natura (f)	[na'tura]
Landkarte (f)	carta (f) geografica	['karta dʒeo'grafika]
Atlas (m)	atlante (m)	[a'tlante]

im Norden	al nord	[al nord]
im Süden	al sud	[al sud]
im Westen	all'ovest	[all 'ovest]
im Osten	all'est	[all 'est]

Meer (n), See (f)	mare (m)	['mare]
Ozean (m)	oceano (m)	[o'tʃeano]
Golf (m)	golfo (m)	['golfo]
Meerenge (f)	stretto (m)	['stretto]

Kontinent (m)	continente (m)	[konti'nente]
Insel (f)	isola (f)	['izola]
Halbinsel (f)	penisola (f)	[pe'nizola]
Archipel (m)	arcipelago (m)	[artʃi'pelago]

Hafen (m)	porto (m)	['porto]
Korallenriff (n)	barriera (f) corallina	[bar'rjera koral'lina]
Ufer (n)	litorale (m)	[lito'rale]
Küste (f)	costa (f)	['kosta]

| Flut (f) | alta marea (f) | ['alta ma'rea] |
| Ebbe (f) | bassa marea (f) | ['bassa ma'rea] |

Breite (f)	latitudine (f)	[lati'tudine]
Länge (f)	longitudine (f)	[londʒi'tudine]
Breitenkreis (m)	parallelo (m)	[paral'lelo]
Äquator (m)	equatore (m)	[ekwa'tore]

Himmel (m)	cielo (m)	['tʃelo]
Horizont (m)	orizzonte (m)	[orid'dzonte]
Atmosphäre (f)	atmosfera (f)	[atmo'sfera]

Berg (m)	monte (m), montagna (f)	['monte], [mon'taɲa]
Gipfel (m)	cima (f)	['tʃima]
Fels (m)	falesia (f)	[fa'lezia]

Hügel (m)	collina (f)	[kol'lina]
Vulkan (m)	vulcano (m)	[vul'kano]
Gletscher (m)	ghiacciaio (m)	[gja'ʧajo]
Wasserfall (m)	cascata (f)	[kas'kata]
Ebene (f)	pianura (f)	[pja'nura]

Fluss (m)	fiume (m)	['fjume]
Quelle (f)	fonte (f)	['fonte]
Ufer (n)	riva (f)	['riva]
stromabwärts	a valle	[a 'valle]
stromaufwärts	a monte	[a 'monte]

See (m)	lago (m)	['lago]
Damm (m)	diga (f)	['diga]
Kanal (m)	canale (m)	[ka'nale]
Sumpf (m), Moor (n)	palude (f)	[pa'lude]
Eis (n)	ghiaccio (m)	['gjaʧo]

19. Länder. Teil 1

Europa (n)	Europa (f)	[eu'ropa]
Europäische Union (f)	Unione (f) Europea	[uni'one euro'pea]
Europäer (m)	europeo (m)	[euro'peo]
europäisch	europeo	[euro'peo]

Österreich	Austria (f)	['austria]
Großbritannien	Gran Bretagna (f)	[gran bre'taɲa]
England	Inghilterra (f)	[ingil'terra]
Belgien	Belgio (m)	['belʤo]
Deutschland	Germania (f)	[ʤer'mania]

Niederlande (f)	Paesi Bassi (m pl)	[pa'ezi 'bassi]
Holland (n)	Olanda (f)	[o'landa]
Griechenland	Grecia (f)	['greʧa]
Dänemark	Danimarca (f)	[dani'marka]
Irland	Irlanda (f)	[ir'landa]

Island	Islanda (f)	[iz'landa]
Spanien	Spagna (f)	['spaɲa]
Italien	Italia (f)	[i'talia]
Zypern	Cipro (m)	['ʧipro]
Malta	Malta (f)	['malta]

Norwegen	Norvegia (f)	[nor'vedʒa]
Portugal	Portogallo (f)	[porto'gallo]
Finnland	Finlandia (f)	[fin'landia]
Frankreich	Francia (f)	['franʧa]
Schweden	Svezia (f)	['zvetsia]
Schweiz (f)	Svizzera (f)	['zvittsera]
Schottland	Scozia (f)	['skotsia]

Vatikan (m)	Vaticano (m)	[vati'kano]
Liechtenstein	Liechtenstein (m)	['liktenstajn]
Luxemburg	Lussemburgo (m)	[lussem'burgo]

Monaco	Monaco (m)	['monako]
Albanien	Albania (f)	[alba'nia]
Bulgarien	Bulgaria (f)	[bulga'ria]
Ungarn	Ungheria (f)	[unge'ria]
Lettland	Lettonia (f)	[let'tonia]

Litauen	Lituania (f)	[litu'ania]
Polen	Polonia (f)	[po'lonia]
Rumänien	Romania (f)	[roma'nia]
Serbien	Serbia (f)	['serbia]
Slowakei (f)	Slovacchia (f)	[zlo'vakkia]

Kroatien	Croazia (f)	[kro'atsia]
Tschechien	Repubblica (f) Ceca	[re'pubblika 'tʃeka]
Estland	Estonia (f)	[es'tonia]
Bosnien und Herzegowina	Bosnia-Erzegovina (f)	['boznia-ertse'govina]
Makedonien	Macedonia (f)	[matʃe'donia]

Slowenien	Slovenia (f)	[zlo'venia]
Montenegro	Montenegro (m)	[monte'negro]
Weißrussland	Bielorussia (f)	[bjelo'russia]
Moldawien	Moldavia (f)	[mol'davia]
Russland	Russia (f)	['russia]
Ukraine (f)	Ucraina (f)	[uk'raina]

20. Länder. Teil 2

Asien	Asia (f)	['azia]
Vietnam	Vietnam (m)	['vjetnam]
Indien	India (f)	['india]
Israel	Israele (m)	[izra'ele]
China	Cina (f)	['tʃina]

Libanon (m)	Libano (m)	['libano]
Mongolei (f)	Mongolia (f)	[mo'ngolia]
Malaysia	Malesia (f)	[ma'lezia]
Pakistan	Pakistan (m)	['pakistan]
Saudi-Arabien	Arabia Saudita (f)	[a'rabia sau'dita]

Thailand	Tailandia (f)	[taj'landia]
Taiwan	Taiwan (m)	[taj'van]
Türkei (f)	Turchia (f)	[tur'kia]
Japan	Giappone (m)	[dʒap'pone]
Afghanistan	Afghanistan (m)	[af'ganistan]
Bangladesch	Bangladesh (m)	['bangladeʃ]
Indonesien	Indonesia (f)	[indo'nezia]

Jordanien	**Giordania** (f)	[dʒor'dania]
Irak	**Iraq** (m)	['irak]
Iran	**Iran** (m)	['iran]
Kambodscha	**Cambogia** (f)	[kam'bodʒa]
Kuwait	**Kuwait** (m)	[ku'vejt]
Laos	**Laos** (m)	['laos]
Myanmar	**Birmania** (f)	[bir'mania]
Nepal	**Nepal** (m)	[ne'pal]
Vereinigten Arabischen Emirate	**Emirati** (m pl) **Arabi**	[emi'rati 'arabi]
Syrien	**Siria** (f)	['siria]
Palästina	**Palestina** (f)	[pale'stina]
Südkorea	**Corea** (f) **del Sud**	[ko'rea del sud]
Nordkorea	**Corea** (f) **del Nord**	[ko'rea del nord]
Die Vereinigten Staaten	**Stati** (m pl) **Uniti d'America**	['stati u'niti da'merika]
Kanada	**Canada** (m)	['kanada]
Mexiko	**Messico** (m)	['messiko]
Argentinien	**Argentina** (f)	[ardʒen'tina]
Brasilien	**Brasile** (m)	[bra'zile]
Kolumbien	**Colombia** (f)	[ko'lombia]
Kuba	**Cuba** (f)	['kuba]
Chile	**Cile** (m)	['ʧile]
Venezuela	**Venezuela** (f)	[venetsu'ela]
Ecuador	**Ecuador** (m)	[ekva'dor]
Die Bahamas	**le Bahamas**	[le ba'amas]
Panama	**Panama** (m)	['panama]
Ägypten	**Egitto** (m)	[e'dʒitto]
Marokko	**Marocco** (m)	[ma'rokko]
Tunesien	**Tunisia** (f)	[tuni'zia]
Kenia	**Kenya** (m)	['kenia]
Libyen	**Libia** (f)	['libia]
Republik Südafrika	**Repubblica** (f) **Sudafricana**	[re'pubblika sudafri'kana]
Australien	**Australia** (f)	[au'stralia]
Neuseeland	**Nuova Zelanda** (f)	[nu'ova dze'landa]

21. Wetter. Naturkatastrophen

Wetter (n)	**tempo** (m)	['tempo]
Wetterbericht (m)	**previsione** (f) **del tempo**	[previ'zjone del 'tempo]
Temperatur (f)	**temperatura** (f)	[tempera'tura]
Thermometer (n)	**termometro** (m)	[ter'mometro]
Barometer (n)	**barometro** (m)	[ba'rometro]
Sonne (f)	**sole** (m)	['sole]

scheinen (vi)	splendere (vi)	['splendere]
sonnig (Adj)	di sole	[di 'sole]
aufgehen (vi)	levarsi (vr)	[le'varsi]
untergehen (vi)	tramontare (vi)	[tramon'tare]
Regen (m)	pioggia (f)	['pjodʒa]
Es regnet	piove	['pjove]
strömender Regen (m)	pioggia (f) torrenziale	['pjodʒa torren'tsjale]
Regenwolke (f)	nube (f) di pioggia	['nube di 'pjodʒa]
Pfütze (f)	pozzanghera (f)	[pot'tsangera]
nass werden (vi)	bagnarsi (vr)	[ba'ɲarsi]
Gewitter (n)	temporale (m)	[tempo'rale]
Blitz (m)	fulmine (f)	['fulmine]
blitzen (vi)	lampeggiare (vi)	[lampe'dʒare]
Donner (m)	tuono (m)	[tu'ono]
Es donnert	tuona	[tu'ona]
Hagel (m)	grandine (f)	['grandine]
Es hagelt	grandina	['grandina]
Hitze (f)	caldo (m), afa (f)	['kaldo], ['afa]
ist heiß	fa molto caldo	[fa 'molto 'kaldo]
ist warm	fa caldo	[fa 'kaldo]
ist kalt	fa freddo	[fa 'freddo]
Nebel (m)	foschia (f), nebbia (f)	[fos'kia], ['nebbia]
neblig (-er Tag)	nebbioso	[neb'bjozo]
Wolke (f)	nuvola (f)	['nuvola]
bewölkt, wolkig	nuvoloso	[nuvo'lozo]
Feuchtigkeit (f)	umidità (f)	[umidi'ta]
Schnee (m)	neve (f)	['neve]
Es schneit	nevica	['nevika]
Frost (m)	gelo (m)	['dʒelo]
unter Null	sotto zero	['sotto 'dzero]
Reif (m)	brina (f)	['brina]
Unwetter (n)	maltempo (m)	[mal'tempo]
Katastrophe (f)	disastro (m)	[di'zastro]
Überschwemmung (f)	inondazione (f)	[inonda'tsjone]
Lawine (f)	valanga (f)	[va'langa]
Erdbeben (n)	terremoto (m)	[terre'moto]
Erschütterung (f)	scossa (f)	['skossa]
Epizentrum (n)	epicentro (m)	[epi'tʃentro]
Ausbruch (m)	eruzione (f)	[eru'tsjone]
Lava (f)	lava (f)	['lava]
Tornado (m)	tornado (m)	[tor'nado]
Wirbelsturm (m)	tromba (f) d'aria	['tromba 'daria]
Orkan (m)	uragano (m)	[ura'gano]
Tsunami (m)	tsunami (m)	[tsu'nami]
Zyklon (m)	ciclone (m)	[tʃi'klone]

22. Tiere. Teil 1

| Tier (n) | animale (m) | [ani'male] |
| Raubtier (n) | predatore (m) | [preda'tore] |

Tiger (m)	tigre (f)	['tigre]
Löwe (m)	leone (m)	[le'one]
Wolf (m)	lupo (m)	['lupo]
Fuchs (m)	volpe (m)	['volpe]
Jaguar (m)	giaguaro (m)	[dʒa'gwaro]

Luchs (m)	lince (f)	['lintʃe]
Kojote (m)	coyote (m)	[ko'jote]
Schakal (m)	sciacallo (m)	[ʃa'kallo]
Hyäne (f)	iena (f)	['jena]

Eichhörnchen (n)	scoiattolo (m)	[sko'jattolo]
Igel (m)	riccio (m)	['ritʃo]
Kaninchen (n)	coniglio (m)	[ko'niʎʎo]
Waschbär (m)	procione (f)	[pro'tʃone]

Hamster (m)	criceto (m)	[kri'tʃeto]
Maulwurf (m)	talpa (f)	['talpa]
Maus (f)	topo (m)	['topo]
Ratte (f)	ratto (m)	['ratto]
Fledermaus (f)	pipistrello (m)	[pipi'strello]

Biber (m)	castoro (m)	[kas'toro]
Pferd (n)	cavallo (m)	[ka'vallo]
Hirsch (m)	cervo (m)	['tʃervo]
Kamel (n)	cammello (m)	[kam'mello]
Zebra (n)	zebra (f)	['dzebra]

Wal (m)	balena (f)	[ba'lena]
Seehund (m)	foca (f)	['foka]
Walroß (n)	tricheco (m)	[tri'keko]
Delfin (m)	delfino (m)	[del'fino]

Bär (m)	orso (m)	['orso]
Affe (m)	scimmia (f)	['ʃimmia]
Elefant (m)	elefante (m)	[ele'fante]
Nashorn (n)	rinoceronte (m)	[rinotʃe'ronte]
Giraffe (f)	giraffa (f)	[dʒi'raffa]

Flusspferd (n)	ippopotamo (m)	[ippo'potamo]
Känguru (n)	canguro (m)	[kan'guro]
Katze (f)	gatta (f)	['gatta]
Hund (m)	cane (m)	['kane]

| Kuh (f) | mucca (f) | ['mukka] |
| Stier (m) | toro (m) | ['toro] |

| Schaf (n) | pecora (f) | ['pekora] |
| Ziege (f) | capra (f) | ['kapra] |

Esel (m)	asino (m)	['azino]
Schwein (n)	porco (m)	['porko]
Huhn (n)	gallina (f)	[gal'lina]
Hahn (m)	gallo (m)	['gallo]

Ente (f)	anatra (f)	['anatra]
Gans (f)	oca (f)	['oka]
Pute (f)	tacchina (f)	[tak'kina]
Schäferhund (m)	cane (m) da pastore	['kane da pas'tore]

23. Tiere. Teil 2

Vogel (m)	uccello (m)	[u'tʃello]
Taube (f)	colombo (m), piccione (m)	[kolombo], [pi'tʃone]
Spatz (m)	passero (m)	['passero]
Meise (f)	cincia (f)	['tʃintʃa]
Elster (f)	gazza (f)	['gattsa]

Adler (m)	aquila (f)	['akwila]
Habicht (m)	astore (m)	[a'store]
Falke (m)	falco (m)	['falko]

Schwan (m)	cigno (m)	['tʃiɲo]
Kranich (m)	gru (f)	[gru]
Storch (m)	cicogna (f)	[tʃi'koɲa]
Papagei (m)	pappagallo (m)	[pappa'gallo]
Pfau (m)	pavone (m)	[pa'vone]
Strauß (m)	struzzo (m)	['struttso]

Reiher (m)	airone (m)	[ai'rone]
Nachtigall (f)	usignolo (m)	[uzi'ɲolo]
Schwalbe (f)	rondine (f)	['rondine]
Specht (m)	picchio (m)	['pikkio]
Kuckuck (m)	cuculo (m)	['kukulo]
Eule (f)	civetta (f)	[tʃi'vetta]

Pinguin (m)	pinguino (m)	[pin'gwino]
Tunfisch (m)	tonno (m)	['tonno]
Forelle (f)	trota (f)	['trota]
Aal (m)	anguilla (f)	[an'gwilla]

Hai (m)	squalo (m)	['skwalo]
Krabbe (f)	granchio (m)	['graŋkio]
Meduse (f)	medusa (f)	[me'duza]
Krake (m)	polpo (m)	['polpo]
Seestern (m)	stella (f) marina	['stella ma'rina]

Seeigel (m)	riccio (m) di mare	['riʧo di 'mare]
Seepferdchen (n)	cavalluccio (m) marino	[kaval'luʧo ma'rino]
Garnele (f)	gamberetto (m)	[gambe'retto]

Schlange (f)	serpente (m)	[ser'pente]
Viper (f)	vipera (f)	['vipera]
Eidechse (f)	lucertola (f)	[lu'ʧertola]
Leguan (m)	iguana (f)	[i'gwana]
Chamäleon (n)	camaleonte (m)	[kamale'onte]
Skorpion (m)	scorpione (m)	[skor'pjone]

Schildkröte (f)	tartaruga (f)	[tarta'ruga]
Frosch (m)	rana (f)	['rana]
Krokodil (n)	coccodrillo (m)	[kokko'drillo]
Insekt (n)	insetto (m)	[in'setto]
Schmetterling (m)	farfalla (f)	[far'falla]
Ameise (f)	formica (f)	[for'mika]
Fliege (f)	mosca (f)	['moska]

Mücke (f)	zanzara (f)	[ʣan'ʣara]
Käfer (m)	scarabeo (m)	[skara'beo]
Biene (f)	ape (f)	['ape]
Spinne (f)	ragno (m)	['raɲo]
Marienkäfer (m)	coccinella (f)	[koʧi'nella]

24. Flora. Bäume

Baum (m)	albero (m)	['albero]
Birke (f)	betulla (f)	[be'tulla]
Eiche (f)	quercia (f)	['kwerʧa]
Linde (f)	tiglio (m)	['tiʎʎo]
Espe (f)	pioppo (m) tremolo	['pjoppo 'tremolo]

Ahorn (m)	acero (m)	['aʧero]
Fichte (f)	abete (m)	[a'bete]
Kiefer (f)	pino (m)	['pino]
Zeder (f)	cedro (m)	['ʧedro]

Pappel (f)	pioppo (m)	['pjoppo]
Vogelbeerbaum (m)	sorbo (m)	['sorbo]
Buche (f)	faggio (m)	['faʤo]
Ulme (f)	olmo (m)	['olmo]

Esche (f)	frassino (m)	['frassino]
Kastanie (f)	castagno (m)	[ka'staɲo]
Palme (f)	palma (f)	['palma]
Strauch (m)	cespuglio (m)	[ʧes'puʎʎo]

| Pilz (m) | fungo (m) | ['fungo] |
| Giftpilz (m) | fungo (m) velenoso | ['fungo vele'nozo] |

Steinpilz (m)	**porcino** (m)	[por'tʃino]
Täubling (m)	**rossola** (f)	['rossola]
Fliegenpilz (m)	**ovolaccio** (m)	[ovo'latʃo]
Grüner Knollenblätterpilz	**fungo** (m) **moscario**	['fungo mos'kario]

Blume (f)	**fiore** (m)	['fjore]
Blumenstrauß (m)	**mazzo** (m) **di fiori**	['mattso di 'fjori]
Rose (f)	**rosa** (f)	['roza]
Tulpe (f)	**tulipano** (m)	[tuli'pano]
Nelke (f)	**garofano** (m)	[ga'rofano]

Kamille (f)	**camomilla** (f)	[kamo'milla]
Kaktus (m)	**cactus** (m)	['kaktus]
Maiglöckchen (n)	**mughetto** (m)	[mu'getto]
Schneeglöckchen (n)	**bucaneve** (m)	[buka'neve]
Seerose (f)	**ninfea** (f)	[nin'fea]

Gewächshaus (n)	**serra** (f)	['serra]
Rasen (m)	**prato** (m) **erboso**	['prato er'bozo]
Blumenbeet (n)	**aiuola** (f)	[aju'ola]

Pflanze (f)	**pianta** (f)	['pjanta]
Gras (n)	**erba** (f)	['erba]
Blatt (n)	**foglia** (f)	['foʎʎa]
Blütenblatt (n)	**petalo** (m)	['petalo]
Stiel (m)	**stelo** (m)	['stelo]
Jungpflanze (f)	**germoglio** (m)	[dʒer'moʎʎo]

Getreidepflanzen (pl)	**cereali** (m pl)	[tʃere'ali]
Weizen (m)	**frumento** (m)	[fru'mento]
Roggen (m)	**segale** (f)	['segale]
Hafer (m)	**avena** (f)	[a'vena]

Hirse (f)	**miglio** (m)	['miʎʎo]
Gerste (f)	**orzo** (m)	['ortso]
Mais (m)	**mais** (m)	['mais]
Reis (m)	**riso** (m)	['rizo]

25. Verschiedene nützliche Wörter

Anfang (m)	**inizio** (m)	[i'nitsio]
Anstrengung (f)	**sforzo** (m)	['sfortso]
Anteil (m)	**parte** (f)	['parte]
Art (Typ, Sorte)	**genere** (m)	['dʒenere]
Auswahl (f)	**scelta** (f)	['ʃelta]

Basis (f)	**base** (f)	['baze]
Beispiel (n)	**esempio** (m)	[e'zempjo]
Bilanz (f)	**bilancio** (m)	[bi'lantʃo]

| dringend (Adj) | **urgente** | [ur'dʒente] |
| Effekt (m) | **effetto** (m) | [ef'fetto] |

Eigenschaft (Werkstoff~)	**proprietà** (f)	[proprie'ta]
Element (n)	**elemento** (m)	[ele'mento]
Entwicklung (f)	**sviluppo** (m)	[zvi'luppo]
Fachwort (n)	**termine** (m)	['termine]
Fehler (m)	**errore** (m)	[er'rore]

Form (z.B. Kugel-)	**forma** (f)	['forma]
Fortschritt (m)	**progresso** (m)	[pro'gresso]
Geheimnis (n)	**segreto** (m)	[se'greto]
Grad (Ausmaß)	**grado** (m)	['grado]

Halt (m), Pause (f)	**pausa** (f)	['pauza]
Hilfe (f)	**aiuto** (m)	[a'juto]
Ideal (n)	**ideale** (m)	[ide'ale]
Kategorie (f)	**categoria** (f)	[katego'ria]
Lösung (Problem usw.)	**soluzione** (f)	[solu'tsjone]

Moment (m)	**momento** (m)	[mo'mento]
Nutzen (m)	**utilità** (f)	[utili'ta]
Pause (kleine ~)	**pausa** (f)	['pauza]
Position (f)	**posizione** (f)	[pozi'tsjone]
Problem (n)	**problema** (m)	[pro'blema]

Prozess (m)	**processo** (m)	[pro'tʃesso]
Reaktion (f)	**reazione** (f)	[rea'tsjone]
Reihe (Sie sind an der ~)	**turno** (m)	['turno]
Risiko (n)	**rischio** (m)	['riskio]
Serie (f)	**serie** (f)	['serie]

Situation (f)	**situazione** (f)	[situa'tsjone]
Standard-	**standard**	['standar]
Stil (m)	**stile** (m)	['stile]

| Hindernis (n) | **ostacolo** (m) | [os'takolo] |
| System (n) | **sistema** (m) | [si'stema] |

Tabelle (f)	**tabella** (f)	[ta'bella]
Tatsache (f)	**fatto** (m)	['fatto]
Tempo (n)	**ritmo** (m)	['ritmo]

| Unterschied (m) | **differenza** (f) | [diffe'rentsa] |
| Variante (f) | **variante** (f) | [vari'ante] |

Vergleich (m)	**confronto** (m)	[kon'fronto]
Wahrheit (f)	**verità** (f)	[veri'ta]
Weise (Weg, Methode)	**modo** (m)	['modo]
Zone (f)	**zona** (f)	['dzona]
Zufall (m)	**coincidenza** (f)	[kojntʃi'dentsa]

26. Adjektive. Teil 1

ähnlich	simile	['simile]
alt (z.B. die -en Griechen)	antico	[an'tiko]
alt, betagt	vecchio	['vekkio]
andauernd	continuo	[kon'tinuo]
arm	povero	['povero]

ausgezeichnet	perfetto	[per'fetto]
Außen-, äußer	esterno	[e'sterno]
bitter	amaro	[a'maro]
blind	cieco	['ʧeko]
der letzte	ultimo	['ultimo]

dicht (-er Nebel)	denso	['denso]
dumm	stupido	['stupido]
einfach (Problem usw.)	facile	['faʧile]
eng, schmal (Straße usw.)	stretto	['stretto]
ergänzend	supplementare	[supplemen'tare]

flüssig	liquido	['likwido]
fruchtbar (-er Böden)	fertile	['fertile]
gebraucht	di seconda mano	[di se'konda 'mano]
gebräunt (sonnen-)	abbronzato	[abbron'dzato]
gefährlich	pericoloso	[periko'lozo]

gegensätzlich	opposto	[op'posto]
genau, pünktlich	preciso	[pre'ʧizo]
gerade, direkt	dritto	['dritto]
geräumig (Raum)	spazioso	[spa'tsjozo]
gesetzlich	legale	[le'gale]

gewöhnlich	comune, normale	[ko'mune], [nor'male]
glatt (z.B. poliert)	liscio	['liʃo]
glücklich	felice	[fe'liʧe]
groß	grande	['grande]
hart (harter Stahl)	duro	['duro]

Haupt-	principale	[prinʧi'pale]
hauptsächlich	principale	[prinʧi'pale]
Heimat-	nativo	[na'tivo]
höflich	gentile	[dʒen'tile]
innen-	interno	[in'terno]

Kinder-	per bambini	[per bam'bini]
klein	piccolo	['pikkolo]
klug, clever	intelligente	[intelli'dʒente]
kompatibel	compatibile	[kompa'tibile]
kostenlos, gratis	gratuito	[gratu'ito]
krank	malato	[ma'lato]
künstlich	artificiale	[artifi'ʧale]

kurz (räumlich)	**corto**	['korto]
lang (langwierig)	**lungo**	['lungo]
laut (-e Stimme)	**alto, forte**	['alto], ['forte]

lecker	**buono, gustoso**	[bu'ono], [gu'stozo]
leer (kein Inhalt)	**vuoto**	[vu'oto]
leicht (wenig Gewicht)	**leggero**	[le'dʒero]
leise (~ sprechen)	**basso**	['basso]
link (-e Seite)	**sinistro**	[si'nistro]

27. Adjektive. Teil 2

matt (Lack usw.)	**opaco**	[o'pako]
möglich	**possibile**	[pos'sibile]
nächst (am -en Tag)	**successivo**	[sutʃes'sivo]
negativ	**negativo**	[nega'tivo]
neu	**nuovo**	[nu'ovo]

nicht schwierig	**non difficile**	[non dif'fitʃile]
normal	**normale**	[nor'male]
obligatorisch, Pflicht-	**obbligatorio**	[obbliga'torio]
offen	**aperto**	[a'perto]
öffentlich	**pubblico**	['pubbliko]

original (außergewöhnlich)	**originale**	[oridʒi'nale]
persönlich	**personale**	[perso'nale]
rätselhaft	**misterioso**	[miste'rjozo]
recht (-e Hand)	**destro**	['destro]
reif (Frucht usw.)	**maturo**	[ma'turo]

riesig	**enorme**	[e'norme]
riskant	**rischioso**	[ris'kjozo]
roh (nicht gekocht)	**crudo**	['krudo]
sauber (rein)	**pulito**	[pu'lito]
sauer	**acido, agro**	['atʃido], ['agro]
scharf (-e Messer usw.)	**affilato**	[affi'lato]

schlecht	**cattivo**	[kat'tivo]
schmutzig	**sporco**	['sporko]
schnell	**veloce, rapido**	[velotʃe], ['rapido]
schön (-es Mädchen)	**bello**	['bello]
schwierig	**difficile**	[dif'fitʃile]
seicht (nicht tief)	**poco profondo**	['poko pro'fondo]

selten	**raro**	['raro]
speziell, Spezial-	**speciale**	[spe'tʃale]
stark (-e Konstruktion)	**solido**	['solido]
stark (kräftig)	**forte**	['forte]
süß	**dolce**	['doltʃe]
Süß- (Wasser)	**dolce**	['doltʃe]

tiefgekühlt	surgelato	[surdʒe'lato]
tot	morto	['morto]
traurig, unglücklich	triste	['triste]
übermäßig	eccessivo	[etʃes'sivo]
unbeweglich	immobile	[im'mobile]

undeutlich	poco chiaro	['poko 'kjaro]
Untergrund- (geheim)	clandestino	[klande'stino]
voll (gefüllt)	pieno	['pjeno]
vorig (in der -en Woche)	scorso	['skorso]
vorzüglich	eccellente	[etʃel'lente]

wahrscheinlich	probabile	[pro'babile]
weich (-e Wolle)	morbido	['morbido]
wichtig	importante	[impor'tante]
zentral (in der Mitte)	centrale	[tʃen'trale]
zerbrechlich (Porzellan usw.)	fragile	['fradʒile]
zufrieden	contento	[kon'tento]

28. Verben. Teil 1

abbiegen (nach links ~)	girare (vi)	[dʒi'rare]
abbrechen (vi)	porre fine a ...	['porre 'fine a]
abhängen von ...	dipendere da ...	[di'pendere da]
abschaffen (vt)	annullare (vt)	[annul'lare]
abschicken (vt)	mandare (vt)	[man'dare]

ändern (vt)	cambiare (vt)	[kam'bjare]
Angst haben	avere paura	[a'vere pa'ura]
anklagen (vt)	accusare (vt)	[akku'zare]
ankommen (vi)	arrivare (vi)	[arri'vare]
ansehen (vt)	guardare (vt)	[gwar'dare]
antworten (vi)	rispondere (vi, vt)	[ris'pondere]

ankündigen (vt)	annunciare (vt)	[annun'tʃare]
arbeiten (vi)	lavorare (vi)	[lavo'rare]
auf ... zählen	contare su ...	[kon'tare su]
aufbewahren (vt)	conservare (vt)	[konser'vare]
aufräumen (vt)	fare le pulizie	['fare le puli'tsie]

ausschalten (vt)	spegnere (vt)	['speɲere]
bauen (vt)	costruire (vt)	[kostru'ire]
beenden (vt)	finire (vt)	[fi'nire]
beginnen (vt)	cominciare (vt)	[komin'tʃare]
bekommen (vt)	ricevere (vt)	[ri'tʃevere]

besprechen (vt)	discutere (vt)	[di'skutere]
bestätigen (vt)	confermare (vt)	[konfer'mare]
bestehen auf	insistere (vi)	[in'sistere]

beten (vi)	**pregare** (vi, vt)	[pre'gare]
beweisen (vt)	**provare** (vt)	[pro'vare]
brechen (vt)	**rompere** (vt)	['rompere]
danken (vi)	**ringraziare** (vt)	[ringra'tsjare]
denken (vi, vt)	**pensare** (vi, vt)	[pen'sare]
einladen (vt)	**invitare** (vt)	[invi'tare]
einschalten (vt)	**accendere** (vt)	[a'tʃendere]
einstellen (vt)	**cessare** (vt)	[tʃes'sare]
entscheiden (vt)	**decidere** (vt)	[de'tʃidere]
entschuldigen (vt)	**scusare** (vt)	[sku'zare]
erklären (vt)	**spiegare** (vt)	[spje'gare]
erlauben, gestatten (vt)	**permettere** (vt)	[per'mettere]
ermorden (vt)	**uccidere** (vt)	[u'tʃidere]
erzählen (vt)	**raccontare** (vt)	[rakkon'tare]
essen (vi, vt)	**mangiare** (vi, vt)	[man'dʒare]
existieren (vi)	**esistere** (vi)	[e'zistere]
fallen (vi)	**cadere** (vi)	[ka'dere]
fallen lassen	**lasciar cadere**	[la'ʃar ka'dere]
fangen (vt)	**afferrare** (vt)	[affer'rare]
fehlen (am Arbeitsplatz ~)	**essere assente**	['essere as'sente]
finden (vt)	**trovare** (vt)	[tro'vare]
fliegen (vi)	**volare** (vi)	[vo'lare]
fragen (vt)	**chiedere, domandare**	['kjedere], [doman'dare]
frühstücken (vi)	**fare colazione**	['fare kola'tsjone]

29. Verben. Teil 2

geben (vt)	**dare** (vt)	['dare]
geboren sein	**nascere** (vi)	['naʃere]
gefallen (vi)	**piacere** (vi)	[pja'tʃere]
gehen (zu Fuß gehen)	**andare** (vi)	[an'dare]
gehören (vi)	**appartenere** (vi)	[apparte'nere]
glauben (vt)	**credere** (vi)	['kredere]
graben (vt)	**scavare** (vt)	[ska'vare]
gratulieren (vi)	**congratularsi** (vr)	[kongratu'larsi]
haben (vt)	**avere** (vt)	[a'vere]
hassen (vt)	**odiare** (vt)	[odi'are]
helfen (vi)	**aiutare** (vt)	[aju'tare]
hoffen (vi)	**sperare** (vi, vt)	[spe'rare]
hören (vt)	**sentire** (vt)	[sen'tire]
jagen (vi)	**cacciare** (vt)	[ka'tʃare]
kaufen (vt)	**comprare** (vt)	[kom'prare]
kennen (vt)	**conoscere**	[ko'noʃere]

klagen (vi)	lamentarsi (vr)	[lamen'tarsi]
können (v mod)	potere (v aus)	[po'tere]
können (v mod)	potere (vi)	[po'tere]
kopieren (vt)	copiare (vt)	[ko'pjare]

kosten (vt)	costare (vt)	[ko'stare]
kränken (vt)	insultare (vt)	[insul'tare]
lächeln (vi)	sorridere (vi)	[sor'ridere]
laufen (vi)	correre (vi)	['korrere]
lernen (vt)	studiare (vt)	[stu'djare]

lesen (vi, vt)	leggere (vi, vt)	['ledʒere]
lieben (vt)	amare qn	[a'mare]
löschen (vt)	eliminare (vt)	[elimi'nare]
machen (vt)	fare (vt)	['fare]
mieten (Haus usw.)	affittare (vt)	[affit'tare]

müde werden	stancarsi (vr)	[stan'karsi]
nehmen (vt)	prendere (vt)	['prendere]
noch einmal sagen	ripetere (vt)	[ri'petere]
öffnen (vt)	aprire (vt)	[a'prire]
prüfen (vt)	verificare (vt)	[verifi'kare]
rechnen (vt)	contare (vt)	[kon'tare]

reservieren (vt)	riservare (vt)	[rizer'vare]
retten (vt)	salvare (vt)	[sal'vare]
sagen (vt)	dire (vt)	['dire]
schaffen (Etwas Neues zu ~)	creare (vt)	[kre'are]
schießen (vi)	sparare (vi)	[spa'rare]
schlagen (vt)	picchiare (vt)	[pik'kjare]

schließen (vt)	chiudere (vt)	['kjudere]
schreiben (vi, vt)	scrivere (vt)	['skrivere]
schreien (vi)	gridare (vi)	[gri'dare]
schwimmen (vi)	nuotare (vi)	[nuo'tare]
sehen (vi, vt)	vedere (vt)	[ve'dere]

30. Verben. Teil 3

sich beeilen	avere fretta	[a'vere 'fretta]
sich beeilen	avere fretta	[a'vere 'fretta]
sich entschuldigen	scusarsi (vr)	[sku'zarsi]
sich irren	sbagliare (vi)	[zbaʎ'ʎare]
sich prügeln	picchiarsi (vr)	[pik'kjarsi]
sich scheiden lassen	divorziare (vi)	[divor'tsjare]

sich setzen	sedersi (vr)	[se'dersi]
sich treffen	incontrarsi (vr)	[inkon'trarsi]
gehorchen (vi)	obbedire (vi)	[obbe'dire]

singen (vt)	cantare (vi)	[kan'tare]
spielen (vi, vt)	giocare (vi)	[dʒo'kare]
sprechen (vi)	parlare (vi, vt)	[par'lare]

sprechen mit …	parlare con …	[par'lare kon]
stehlen (vt)	rubare (vt)	[ru'bare]
sterben (vi)	morire (vi)	[mo'rire]
stören (vt)	disturbare (vt)	[distur'bare]
tanzen (vi, vt)	ballare (vi, vt)	[bal'lare]
tauchen (vi)	tuffarsi (vr)	[tuf'farsi]

täuschen (vt)	ingannare (vt)	[ingan'nare]
teilnehmen (vi)	partecipare (vi)	[partetʃi'pare]
trinken (vt)	bere (vi, vt)	['bere]
trocknen (vt)	asciugare (vt)	[aʃu'gare]
übersetzen (Buch usw.)	tradurre (vt)	[tra'durre]
unterschreiben (vt)	firmare (vt)	[fir'mare]

verachten (vt)	disprezzare (vt)	[dispret'tsare]
verbieten (vt)	vietare (vt)	[vje'tare]
vergessen (vt)	dimenticare (vt)	[dimenti'kare]
vergleichen (vt)	comparare (vt)	[kompa'rare]
verkaufen (vt)	vendere (vt)	['vendere]
verlangen (vt)	esigere (vt)	[e'zidʒere]

| verlieren (Regenschirm usw.) | perdere (vt) | ['perdere] |

verneinen (vt)	negare (vt)	[ne'gare]
versäumen (vt)	mancare le lezioni	[man'kare le le'tsjoni]
verschwinden (vi)	scomparire (vi)	[skompa'rire]
versprechen (vt)	promettere (vt)	[pro'mettere]
verstecken (vt)	nascondere (vt)	[na'skondere]

verstehen (vt)	capire (vt)	[ka'pire]
versuchen (vt)	tentare (vt)	[ten'tare]
vertrauen (vi)	fidarsi (vr)	[fi'darsi]
verzeihen (vt)	perdonare (vt)	[perdo'nare]
voraussehen (vt)	prevedere (vt)	[preve'dere]
vorschlagen (vt)	proporre (vt)	[pro'porre]

wählen (vt)	scegliere (vt)	['ʃeʎʎere]
warten (vi)	aspettare (vt)	[aspet'tare]
weinen (vi)	piangere (vi)	['pjandʒere]
wissen (vt)	sapere (vt)	[sa'pere]
Witz machen	scherzare (vi)	[sker'tsare]
wollen (vt)	volere (vt)	[vo'lere]
zahlen (vt)	pagare (vi, vt)	[pa'gare]

zeigen (jemandem etwas)	mostrare (vt)	[mo'strare]
zu Abend essen	cenare (vi)	[tʃe'nare]
zu Mittag essen	pranzare (vi)	[pran'tsare]
zubereiten (vt)	cucinare (vi)	[kutʃi'nare]

zustimmen (vi)	**essere d'accordo**	['essere dak'kordo]
zweifeln (vi)	**dubitare** (vi)	[dubi'tare]